PETIT LIVRE
DE
LECTURE COURANTE

DESTINÉ
A FAIRE SUITE AUX MÉTHODES DE LECTURE
LES PLUS RÉPANDUES
DANS LES ÉCOLES PRIMAIRES

PAR L. FRÉTILLE
Directeur de l'École Normale Primaire du Gard
Auteur de plusieurs ouvrages élémentaires

QUATRIÈME ÉDITION, REVUE ET AUGMENTÉE

PARIS	NIMES
LIBRAIRIE D'ÉTIENNE GIRAUD	LIBRAIRIE DE LOUIS GIRAUD
20, RUE SAINT-SULPICE	BOULEVARD SAINT-ANTOINE

LOUIS GIRAUD, ÉDITEUR

1863

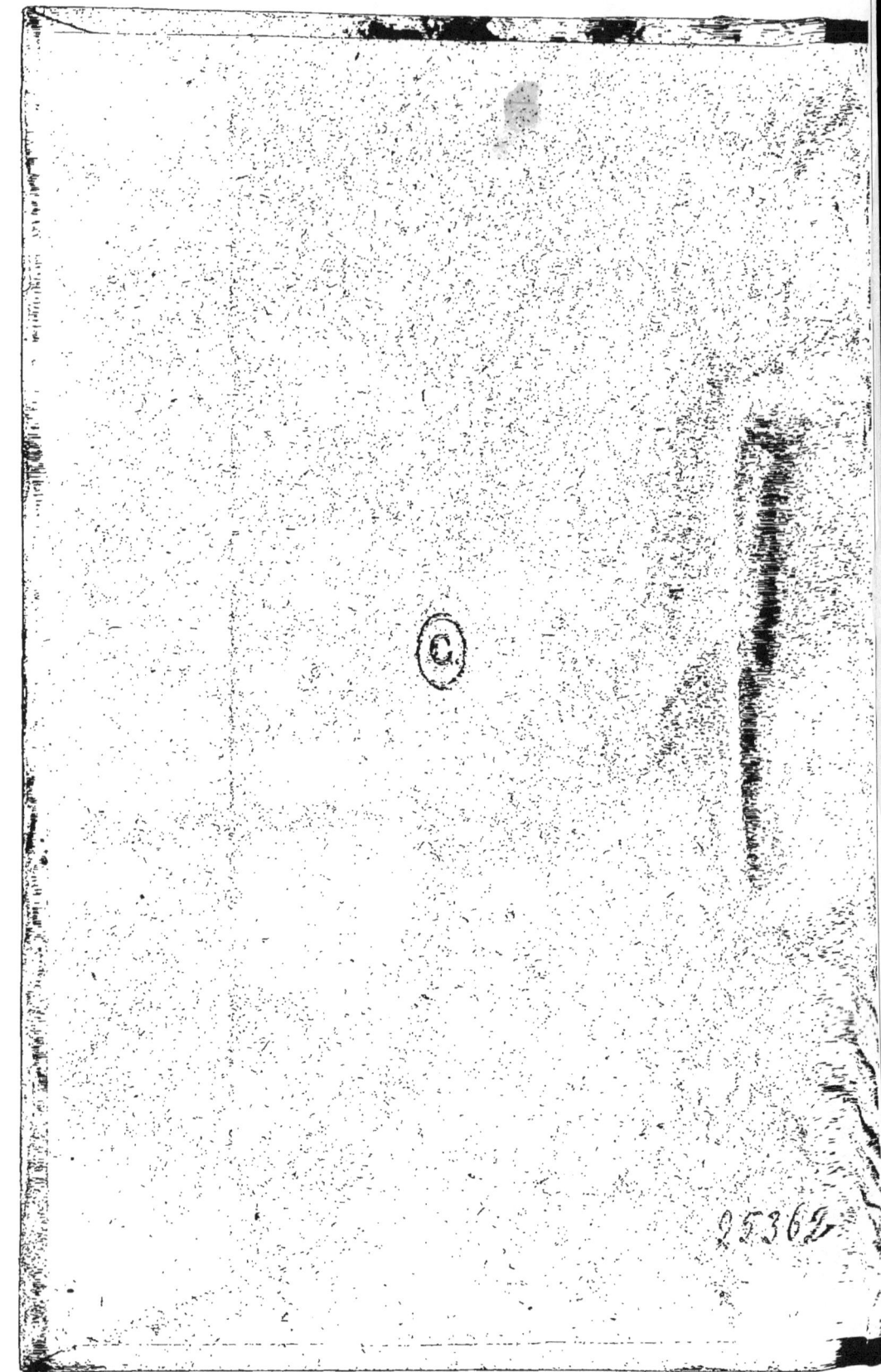

PETIT LIVRE
DE
LECTURE COURANTE

DESTINÉ

A FAIRE SUITE AUX MÉTHODES DE LECTURE

LES PLUS RÉPANDUES

DANS LES ÉCOLES PRIMAIRES

PAR L. FRÉTILLE

DIRECTEUR DE L'ÉCOLE NORMALE PRIMAIRE DU GARD
Auteur de plusieurs ouvrages élémentaires

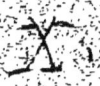

QUATRIÈME ÉDITION, REVUE ET AUGMENTÉE

PARIS | NIMES
LIBRAIRIE D'ÉTIENNE GIRAUD | LIBRAIRIE DE LOUIS GIRAUD
20, RUE SAINT-SULPICE | BOULEVARD SAINT-ANTOINE

LOUIS GIRAUD, ÉDITEUR

1863
1862

Tout exemplaire non revêtu de la griffe de l'Éditeur sera réputé contrefait.

PETIT LIVRE
DE
LECTURE COURANTE.

1. — L'Alphabet.

Les lettres, que nous avons toutes vues, sont au nombre de vingt-cinq. Présentées dans un certain ordre, elles composent ce qu'on nomme l'*Alphabet*.

Comme il est nécessaire de savoir l'Alphabet[1], nous le reproduirons ici avec l'indication des anciens noms des lettres[2]; vous ferez bien, mes enfants, de l'apprendre par cœur.

Alphabet.

a*a*, b*b*, c*c*, d*d*, e*e*, f*f*, g*g*, h*h*, i*i*,
a,   bé,   cé,   dé,   é,   èfe,   gé,   ache,   i,

j*j*, k*k*, l*l*, m*m*, n*n*, o*o*, p*p*, q*q*,
gi,   ca,   èle,   ème,   ène,   o,   pé,   cu,

r*r*, s*s*, t*t*, u*u*, v*v*, x*x*, y*y*, z*z*.
ère,   èce,   té,   u,   vé,   icse,   i grec,   zède.

---

1. Il est indispensable de savoir par cœur l'Alphabet, quand on veut se servir d'un Dictionnaire. — 2. Dans l'épellation employée comme procédé d'orthographe, il vaut mieux faire usage des anciens noms des lettres, parce qu'ils sont plus sonores et plus intelligibles.

Les lettres *a, e, i, o, u* et *y* sont appelées *voyelles*. Les autres se nomment *consonnes*.

Les petits signes qu'on trouve souvent sur les voyelles et qui servent ordinairement à en indiquer la prononciation, sont des *accents*.

Il y en a trois, savoir :

L'accent *aigu*, qui va de droite à gauche, comme dans *Témérité*.

L'accent *grave*, qui va de gauche à droite, comme dans *Mère*.

L'accent *circonflexe*, qui est formé de la réunion des deux autres, et qui figure deux fois dans le mot *empêchât*.

On trouve encore parfois deux points sur les voyelles *e, i, u*; ces deux points s'appellent un *tréma*. Nous verrons un peu plus loin quelle en est l'utilité.

On ajoute quelquefois au nom des voyelles celui du signe qu'elles portent.

Exemple.

à	é	î	ü
à grave,	é aigu,	î circonflexe,	ü tréma.

L'*é* aigu se nomme aussi *é fermé*, l'*è* grave, *è ouvert*.

Il arrive souvent que l'*e* non accentué ne fait entendre aucun son, comme dans les mots *ignare*, *école*, qu'on prononce *ignar*, *écol*, comme s'il n'y avait point d'*e* final. Dans ce cas, l'*e* prend le nom d'*e muet*.

2. — Exercices de prononciation.

De l'E fermé accentué.

Pré, thé, zéro, vérité, cécité, aménité, degré, abrégé, réunir, dévoué, pénible, étaim, habité, pétrir, anxiété, péril, fébrile, créateur, chrétienté [1], sincérité, dépeindre, zéphyr, mélodieux, maréchal, présomption, rédempteur, étreindre, phénix, ténébreux, suggéré.

Épée [2], mariée, contrée, dragée, croisée, bourrée, fournée, nymphée, coryphée.

---

1. Prononcez *chrétieinté*. — 2. Allongez le son de l'*é* aigu suivi d'un *e* muet.

De l'E fermé non accentué.

Prier, appeler, habiller, tablier, étranger, honorer, peuplier, manœuvrer, hésiter, charpentier, récréer, détraquer, rétracter, griller, travaillez [1], voyez, broyez, pied.

De l'E ouvert accentué [2].

Père, mère, sphère, première, artère, prospère, très, près, succès, progrès, mystère, procès, hypothèse, synthèse, grève, fièvre, ils trouvèrent.

Deuxième, extrême, chêne, frêne, thème, emblème, tête, chrysanthème, forêt, arrêt, protêt, apprêt, intérêt.

De l'E ouvert non accentué.

Verger, Quimper, serpent, chercher, commerce, avec, respect [3], suspect [4], bref, chef, éther, kermès, ciel, conseil,

---

1. Allongez un peu le son de l'e fermé suivi d'un z. — 2. La prononciation des diverses sortes d'e ouverts, accentués ou non, ne pouvant guère s'apprendre que par l'usage, nous ne donnerons aucune règle à ce sujet. — 3. Prononcez respec ou respè. — 4. Prononcez suspec.

Vienne, treille, merveille, exception, question.

Jouet, objet, stylet, effet, buffet, piquet, soufflet, tranchet, pamphlet, rouet, fouet.

Je perds, je mets, guerre, tonnerre, certain, legs[1], reine, veine, peine, haleine, baleine, empeigne, Seigneur.

Des voyelles surmontées d'un tréma.

Toute voyelle accentuée de deux points se détache de la voyelle qui précède.

Haïr, jaïet, Saül, ciguë, Moïse, judaïsme, Ésaü, ambiguë, hébraïque, trapézoïde, Aristonoüs, contiguë, sphéroïde, exiguë.

---

3. — Exercices de prononciation.

Voyelles longues accentuées et voyelles brèves.

A

| Pâle | pal | Râpe | frappe |
| mâle | malle | plâtre | battre |

---

1. Prononcez *lè*.

Bâle	balle	infâme	infamie
tâche	tache	râteau	bateau
pâte	patte	pâmer	étamer
blâme	lame	château	chapiteau

E

fête	estafette	bêche	brèche
bête	bette	crête	secrète
tempête	trompette	prêter	fréter
grêle	grève	prêcher	pécher
hêtre	mettre	rêve	trève

I

île	il	rompîmes	piment
gîte	fuite	prîmes	primaire
dîme	intime	faillîtes	faillite

O

Rhône	Rome	dôme	domaine
Saône	sonne	fantôme	tomate
pôle	polir	môle	molle
cône	connu	tôle	étole
geôlier	rougeole	hôte	hotte

U

| flûte | butte | perçûmes | assume |
| nous lûmes | allume | crûtes | recrute |

AI, EU.

| chaîne | prochaine | jeûne | jeune |
| traître | traite | meunier | meute |

OU, IN.

| croûte | déroute | tînmes | matin |
| voûte | doute | vîntes | divin |

---

4. — Exercices de prononciation.

De l'A aigu.

Cap, table, Alpes, royal, naïade, audace, bivouac, après, trame, année [1], haïssable, croisade, breuvage, général, diaphane, baptême, charbon, orangeade, mouillage, drague, géographie, patient, dynastie, asphalte, marchand, olympiade, calme, cathédrale, paysanne, sympathie, nuptial, axe, grappe, adhérent, exact [2], façade, équitable, améthyste, attrayant, Armagnac, zodiacal, manœuvre, parc, cataplasme.

---

1. Prononcez *a-née* et non pas *année*. — 2. Faites entendre toutes les lettres.

Brasse, crasse, bécasse, crevasse, cuirasse, masse, paillasse.

Chasser, embrasser, fracasser, harasser, terrasser, embarrasser, fricasser, tracasser.

De l'A grave [1].

Papa, colza, déjà, boa, dahlia, voilà, hortensia, quinquina, en deçà, Jéhova, il répliqua, il grimpa.

Chat, plat, achat, éclat, soldat, orgeat, muscat, combat, contrat, ingrat, forçat, scélérat, Auvergnat, magistrat, certificat, tabac, estomac, almanach.

Char, czar, nectar, hangar, bazar, phare, barre, arrhes, guitare, bizarre, renard, égard, canard, léopard, billard, fuyard, lézard, brouillard, vieillard, épinards, départ, rempart.

Nation, vibration, élévation, inspiration, création, adoration, sensation, négation, respiration, numération, prostration.

---

1. L'a est toujours grave quand il termine un mot ou qu'il est suivi d'une consonne muette. Il l'est encore dans les finales ar, are, ard, art, et devant la finale *tion*.

De l'A grave et long[1].

Bas, gras, repas, compas, appas, embarras, fatras, faux-pas, frimas, haras, matelas.

Bataille, écaille, muraille, paille, funérailles, fiançailles, antiquaille, broussailles, entrailles, il chamaille, il tiraille.

Phrase, emphase, gymnase, blason, écrasé, embrasement.

Basse, classe, grasse, lasse, impasse.

Amasser, casser, classer, compasser, entasser, lasser, passer, trépasser.

Cabre, sabre, candélabre, espace, enlacer, gagner, flamme, condamner.

---

5. — Exercices de prononciation.

De l'o ouvert.

Sol, coq, dot[2], bloc, socle, cloche, robe, bosse, brosse, globe, fiole, forge, Exode, broche, éloge, pore, orgue,

---

1. L'ordre dans lequel sont rangés les mots qui terminent cette leçon, nous dispense de formuler de nouvelles règles. —
2. Prononcez *dote*.

écorce, trésor, aloès, violon, méthode, varlope, coffre, pylore, hospice, cigogne, broderie, commode, Éloïse, carrosse, automne, prochain, quatorze, honneur, pardonner, charbonnier, cyclope, propriété, rossignol, bonheur, apostrophe, équinoxe, synagogue, octobre, vignoble, syncope, emmaillotté, extorqué, ils obtiennent, Pirithoüs, abord, remords, corps, raifort, port. mylord.

De l'o final ou suivi d'une consonne muette [1].

Zéro, indigo, incognito, numéro, quiproquo.

Galop, sirop, trot, gigot, abricot, sanglot, grelot, marmot, billot, turbot.

De l'o fermé et long [2].

Os [3], repos, gros, dispos, enclos, propos.

Rose, chose, prose, expose, éclose,

---

1. Cet *o* est bref et presque fermé. — 2. Cet *o* se prononce comme l'*o* circonflexe. — 3. Prononcez *ô*, sans articuler l'*s*.

couperose, virtuose, ankylose, apothéose, métamorphose, métempsycose, composé, transposer, arrosage.

Grosse, fosse, endosse, désossé, grossier.

Axiome, idiome, atome, zone, amazone.

6. — Exercices de prononciation.

Du son AI *final, suivi ou non d'une ou de plusieurs lettres muettes, etc.*

Portrait [1], souhait, forfait, extrait, imparfait, distrait, bienfait, attrait, il pleuvait, il piquait, il pourvoyait, il veillait, il rongeait.

Laquais [2], marais, panais, jamais, Français, Anglais, Portugais, faix, paix.

Ils songeaient [2], ils récréaient, ils peignaient, ils noyaient, ils feindraient, ils acquéraient, ils mouraient, ils souscriraient, ils distinguaient, ils craindraient,

---

1. Le son *ait* se prononce comme un *e* ouvert et bref. — 2. *Ais* final sonne comme un *e* ouvert et long ; il en est de même de *aient*.

ils construiraient, ils maintiendraient, ils analysaient, ils travaillaient.

Maison[1], saison, floraison, livraison, exhalaison, conjugaison, oraison.

Je chantai[2]......	Je chantais[3].
Je chargeai......	Je chargeais.
Je déshabillai....	Je déshabillais.
Je berçai.......	Je berçais.
J'assemblai......	J'assemblais.
Je scrutai.......	Je scrutais.
Je transportai....	Je transportais.
J'ennuyai.......	J'ennuyais.
Je manœuvrai....	Je manœuvrais.
J'emmenai......	J'emmenais.
Je heurtai.......	Je heurtais.
Je pétitionnai....	Je pétitionnais.
J'étrillai.......	J'étrillais.
Je transplanterai...	Je transplanterais.
Je fournirai......	Je fournirais.
Je courrai[4]......	Je courrais[4].
J'acquerrai[4].....	J'acquerrais[4].

---

1. Prononcez *mèson*, etc. — 2. Prononcez *Je chanté*. — 3. Prononcez *Je chanté*, en allongeant le son final. — 4. Faites sentir fortement les deux *r*.

Je battrai.	Je battrais.
J'absoudrai.	J'absoudrais.
Je brillerai.	Je brillerais.
Je bronzerai.	Je bronzerais.
Je questionnerai	Je questionnerais.
Je prescrirai.	Je prescrirais.
Je rejoindrai.	Je rejoindrais.

AU et EAU [1].

Fléau, préau, étau, gruau, noyau, tuyau.

Artichaut, levrault, héraut, réchaud, échafaud, quartaud.

Chaumière, saumâtre, cruauté, gaucherie, fauteuil, audace, Gaulois, saucer, aubifoin, mauvais, causerie.

Tableau, manteau, hameau, agneau, gâteau, oiseau, blaireau, cerceau, flambeau, étourneau, taureau, moineau, pigeonneau, écheveau.

Beauté, peaussier, Beaucaire.

Bestiaux [2], chevaux, ciseaux, végé-

---

1. *Au* et *eau* se prononcent *ô*. — 2. Prolongez davantage le son *au* dans ce mot et les suivants.

taux, traîneaux, vaisseaux, royaume, guimauve, saule, gauffre, taupe, chauve, baume, réchauffe, exauce, Beauce, heaume, exhausse, épeautre, pause, clause.

---

7. — Des Liaisons [1].

Lorsqu'un mot se termine par une consonne, et que le mot suivant commence par une voyelle, il arrive souvent que la première de ces lettres va s'unir à la seconde pour se lire avec elle, comme si toutes deux appartenaient à la même syllabe. On dit alors qu'il y a *liaison* d'un mot avec l'autre.

Un sac à farine.
sa—cà
Le cheval arabe.
cheva—larabe.
Du bœuf à la mode.
bœu—fà.
Le serf affranchi.
ser—faffranchi.
Un fat ennuyeux.
fa—tennuyeux.
Le maïs en fleur.
maï—sen.

Un bloc énorme.
blo—ké.
Un fol espoir.
fo—lespoir.
Neuf à table.
Neu—fà.
Actif et économe.
Acti—fet.
Une dot en argent.
do—ten.
Le fils aîné.
fi—saîné.

---

1. Dans cette leçon et la suivante, on devra insister sur les exemples plutôt que sur les règles, surtout si l'on fait lire de tout jeunes enfants.

Une vis à tête plate. Le lis effeuillé.
vi—sà. li—seffeuillé.

Aimer à lire. Donner aux pauvres.
Aimé—rà. Donné—raux.

Un petit enfant. Ils veulent écrire.
peti—tenfant. veule—técrire.

Aimez à obliger. Devenez utiles.
Aimé—zà. Devené—zutiles.

Cette liaison, qui n'est en général qu'une affaire de goût, est susceptible d'une foule de règles dont nous nous bornerons à donner ici les plus essentielles.

RÈGLES [1]. — 1° Les consonnes, *l*, *m*, ne se lient point.

Un fusil armé. Un outil emmanché.
fusi—armé. outi—emmanché.

Un parfum exquis. J'ai faim et soif.
parfun—exquis. fain—et

2° Le *c* et le *p* ne se lient que rarement.

Estomac embarrassé. Le loup affamé.
Estoma—embarrassé. lou—affamé.

Du tabac à fumer. Champ ensemencé.
taba—à. Chan—ensemencé.

Un franc étourdi. Un coup affreux [2].
fran—kétourdi. cou-paffreux.

---

1. Ces règles ne regardent que les consonnes muettes finales.
— 2. On éviterait cette liaison dans le langage familier.

3° L'*n* finale ne se lie que quand le sens permet de la faire suivre d'une légère pause ; il en est de même de l'*r* finale des mots en *er*.

Sans liaison :	Avec liaison :
Du vin amer.	Un ancien ami.
	eu — nancié — nami.
Bon et beau.	Le bon élève.
	bo—nélève.
Saison agréable.	C'est bien utile.
	bié—nutile.
Commun ou non.	Rien à faire.
	rié—nà.
Est-on arrivé ?	On est arrivé.
	o—nest.
Un rocher escarpé.	Chercher une place[1].
Premier et dernier.	Le premier arbre.
L'étranger attend.	Ranger un livre.

4° Dans les liaisons, le *d* s'articule comme un *t*, le *g* comme un *k*, l'*s* et l'*x* comme un *z*.

Grand écrivain.	Quand il faut.
gran—técrivain.	quan—til.
Suer sang et eau.	Rang inférieur.
san—ket.	ran—kinférieur.
Des amis éprouvés.	Livres instructifs.
Dè — zami — zéprouvés.	livre—zinstructifs.
Heureux époux.	Doux à prendre.
Heureu—zépoux.	dou—zà.

---

1. Dans le langage familier, on évite ordinairement la liaison de l'*r* finale des infinitifs de la première conjugaison.

8. — Des Liaisons (Suite).

5° Le *d* et le *t*, précédés d'une *r*, ne se lient pas.

Boulevard extérieur.
boulevar—extérieur.

Du nord au sud.
nor—au.

Vieillard impotent.
vieillar—impotent.

Brouillard épais.
brouillar—épais.

Expert en chirurgie.
exper—en.

Départ imprévu.
dépar—imprévu.

Concert instrumental.
concer—instrumental.

Vert ou bleu.
ver—ou.

Cependant, on dit :

Fort aimable.
for—taimable.

Fort obligeant.
for—tobligeant.

6° L's finale, précédée de *r*, *rd*, *rt*, *rp*, ne se prononce ordinairement qu'autant que le mot auquel elle appartient désigne plusieurs personnes ou plusieurs choses.

Un discours ennuyeux.
discour—ennuyeux.

Des discours ennuyeux.
discour—zennuyeux.

Un secours inattendu.
secour—inattendu.

Des secours inattendus.
secour—zinattendus.

Un vers alexandrin.
<small>ver—alexandrin.</small>

Plusieurs vers alexandrins.
<small>ver—zalexandrins.</small>

Un corps embaumé.
<small>cor—embaumé.</small>

Des corps embaumés.
<small>cor—zembaumés.</small>

Un concours imprévu.
<small>concour—imprévu.</small>

Des remparts écroulés.
<small>rempar—zécroulés.</small>

Un remords éternel.
<small>remor—éternel.</small>

Des remords éternels.
<small>remor—zéternels.</small>

Tout ce que nous avons dit sur les liaisons s'applique à un grand nombre de cas où la consonne finale est suivie d'une *h* initiale; mais c'est ce que l'usage seul peut apprendre.

Lorsque l'*h* permet la liaison, on la dit *muette;* quand elle s'y oppose, on la nomme *aspirée.*

H *muette.*	H *aspirée.*
Un heureux hymen.	Heureux hasard.
Un habile homme.	Un hêtre abattu.
Sons harmonieux.	Des sons hauts.

H *muette*.	H *aspirée*.
Des fines herbes.	De bons haricots.
De riches habitants.	Des haies épaisses.
Bien honnête.	Tu es bien hardi.
Des vers héroïques.	Un héros fameux.
Les Hébreux.	Les hameaux.
Les saintes huiles.	Il est harassé.
Deux hirondelles.	Deux hochequeues.
Ils honorent.	Ils haranguent.
Elles habillent.	Elles haïssent.
Trois héritiers.	Trois hussards.
Un hémisphère.	Un hanneton.
Plusieurs heures.	Plusieurs hiboux.
Un long hiver.	Un hareng saur.
Un grand honneur.	Parlez hardiment.
Des hôtes polis.	De vieilles hardes.

9. — Premiers conseils sur la lecture à haute voix.

La lecture à haute voix est un excellent exercice pour arriver à une bonne prononciation; vous ferez bien de vous y livrer de bonne heure et d'une manière sérieuse.

Pour bien lire, mes enfants, regardez les mots avec attention, ouvrez la bouche, desserrez les dents, articulez nettement, et surtout ne vous pressez pas trop.

Celui qui n'élève pas assez la voix, qui hésite, qui prend des mots pour d'autres, qui bredouille en voulant trop se presser, fatigue bientôt les personnes qui l'écoutent et qui ne sauraient le comprendre. Lire vite, ce n'est pas bien lire.

Observez les liaisons ; rappelez-vous ce que vous avez vu dans les leçons précédentes.

Arrêtez-vous aux *points*, aux *virgules*, à tous les *signes de ponctuation*.

On nomme ainsi les petits signes qu'on trouve de temps en temps entre les mots.

La *virgule* (,) indique une légère pause; le *point-virgule* (;), une pause un peu plus longue; enfin le *point* (.), un repos plus long encore.

On doit lire à peu près comme on parle, et bien se garder de prononcer tous les mots sur le même ton : rien n'est endormant comme une lecture monotone.

Pour lire avec intelligence, on a besoin de comprendre d'avance ce qu'on lit; il est donc indispensable d'aller plus vite avec les yeux qu'avec la voix, c'est-à-dire de regarder toujours les mots qui suivent celui qu'on prononce.

Je terminerai ces conseils, mes enfants, en vous recommandant, par-dessus tout, d'écouter attentivement les personnes qui vous font lire, et de chercher à les imiter.

---

10. — Cris des animaux.

L'homme est la seule créature qui ait véritablement le don de parler. Quelques oiseaux reproduisent, il est vrai, certains mots qu'ils entendent prononcer; mais ils n'en comprennent pas le sens, et ne les articulent d'ailleurs que d'une manière très-imparfaite. Il y a donc loin de cette grossière imitation à la parole.

On dit en général que les animaux *crient*, cependant, comme nous allons le voir, on se sert aussi de mots particuliers pour désigner les cris d'une partie d'entre eux.

Les gros chiens aboient. — Les petits chiens jappent. — Le chat miaule. — Le cheval hennit[1]. — L'âne brait. — Le bœuf, la vache, le taureau beuglent, mugissent. — Le mouton, l'agneau, la brebis bêlent. — Le cochon grogne. — Le cerf brame. — Le loup hurle. — Le renard glapit. — Le lion rugit. — Le tigre rauque. — Le coq chante, coqueline, coquerine. — La poule glousse, piaule. — Les petits poulets piaulent. — Le dindon glougloute, glouglote. — Le pigeon roucoule. — La tourterelle et la colombe gémissent. — L'oie, le merle, le serin sifflent. — Le moineau pépie. — Les petits oiseaux gazouillent. — L'alouette grisolle. — Le perroquet, la pie causent, parlent. — Le hibou hue. — Le corbeau croasse. — L'aigle trompette. — La cigogne craquette. — La grenouille coasse. — Le serpent siffle. — Le bourdon, l'abeille, le hanneton, la mouche, bourdonnent. — La cigale chante[2].

---

1. Prononcez *hani*. — 2. Quelques-uns de ces mots sont peu usités, peu connus.

11. — Émilien.

Le petit Émilien s'en va à l'école. Voyez comme il est pressé! Il ne regarde que son chemin. Il a peur de n'être pas rendu à l'heure, et il ne veut pas être grondé. C'est le plus exact de ses camarades.

Tenez, voici un autre petit garçon qui cherche à le retenir, et qui lui propose de jouer un peu. Il veut lui prêter sa toupie et ses billes. Il n'est jamais pressé, celui-ci, quand il s'agit d'aller en classe.

Mais Émilien refuse. Il sait que chaque chose doit avoir son tour : l'étude d'abord, le plaisir ensuite.

C'est bien, Émilien, c'est bien, mon ami! En continuant ainsi, vous saurez bientôt lire, écrire, calculer; votre instituteur vous aimera comme on aime les enfants sages et appliqués, et vous ferez la joie de vos bons parents.

12. — Du temps.

Dans un jour, on distingue le *matin*, le *midi* ou milieu du jour, et le *soir*.

Le milieu de la nuit se nomme *minuit*.

Sept jours font une *semaine*.

On donne aux jours de la semaine les noms suivants : *lundi, mardi, mercredi, jeudi, vendredi, samedi, dimanche.*

Cinquante-deux semaines et un jour font une *année*.

L'année se compose ainsi de trois cent soixante-cinq jours.

Tous les quatre ans, l'année a un jour de plus. On dit alors qu'elle est *bissextile*.

L'année se divise en douze mois : *janvier, février, mars, avril, mai, juin, juillet, août, septembre, octobre, novembre* et *décembre*.

Janvier, mars, mai, juillet, août, octobre et décembre ont trente et un jours; avril, juin, septembre et novembre en ont trente; février, qui n'en a ordinairement que vingt-huit, en a vingt-neuf quand l'année est bissextile.

L'année se divise encore en *saisons*, qui durent chacune trois mois.

Il y a quatre saisons qui sont : le *printemps*, l'*été*, l'*automne* et l'*hiver*.

Le printemps est la saison des fleurs, et la plus agréable de l'année.

L'été est la plus chaude, celle où les orages

sont le plus fréquents. C'est alors que les blés mûrissent et qu'on fait la moisson.

L'automne est le temps des vendanges, de la récolte des châtaignes et d'un grand nombre de fruits qui se conservent une partie de l'année.

L'hiver est la saison la plus froide et la plus triste, celle des longues pluies, des neiges et des verglas.

Cent ans font un *siècle*.

Il s'est écoulé environ dix-huit siècles et demi depuis la venue de Jésus-Christ.

13. — Casimir.

Savez-vous ce qui est arrivé à Casimir pour avoir désobéi?... Il revenait tout en pleurs du jardin, et sa maman, qui craignait qu'il ne lui fût arrivé quelque accident, lui demanda la cause de son chagrin.

Maman, dit Casimir, Fidèle m'a mangé mon goûter; c'est un vilain gourmand!

— Sans doute il t'a joué là un mauvais tour, et je ne le comprends guère, car Fidèle ne prend jamais rien de ce qu'on tient à la main.

— Je n'avais pas ma tartine à la main, dit

l'enfant ; je l'avais mise sur la bordure de buis pour attraper une pomme verte qui était au milieu d'un carré.

— Alors ne te plains pas, mon fils ; ne t'ai-je pas souvent défendu de manger des fruits verts? Tu as désobéi, et Fidèle t'a puni sans le savoir. Rappelle-toi la leçon.

O maman! que Minet est méchant! disait l'autre jour Casimir. Vois sur mes mains les traces de ses griffes... Je ne lui faisais pourtant pas de mal. Au contraire, je le caressais, et il faisait d'abord patte de velours. Puis j'ai voulu lui tirer un peu la queue pour rire, et cette fois il m'a égratigné. C'est bien vilain, n'est-ce pas? car je jouais, moi, Minet devait bien le comprendre.

Mon ami, répondit la maman, c'est sans doute parce que Minet était mal disposé aujourd'hui. On n'a pas toujours envie de jouer. Souviens-toi d'ailleurs, que ce matin tu as fait pleurer ton petit frère qui voulait s'amuser avec toi. Tu l'a repoussé étourdiment, et tu as failli le faire tomber. Tu as eu si peu de complaisance pour lui, qu'il te siérait mal de te plaindre que Minet en ait manqué pour toi.

---

14. — La salle d'asile.

Midi venait de sonner, et les enfants de la salle d'asile, sur le signal de l'institutrice, s'étaient rendus dans la cour, après avoir pris leurs paniers rangés sur leur passage. Ils s'assirent sur les bancs, et s'empressèrent de faire honneur à leur petit dîner. Il eût été assez difficile de dire lequel montrait le plus d'appétit : c'était un plaisir de les voir faire.

Cependant, au milieu de ces groupes joyeux, un pauvre petit pleurait en silence. Ses camarades, tout occupés qu'ils étaient, ne tardèrent pas à s'apercevoir de ses larmes.

Qu'as-tu, Tony, lui dirent ses voisins? — Pourquoi pleures-tu? — Que t'a-t-on fait?

Ah! dit Tony, on ne m'a rien fait; si je pleure, c'est que je n'ai pas à dîner! Ma mère est bien malheureuse; elle n'aura rien eu à m'apporter.

Mais presque aussitôt : Tiens, lui dit un petit camarade, partageons mon pain tous deux.

— Tiens, dit un autre, en lui donnant la moitié de sa viande.

— Tiens, dit un troisième, en lui présentant une grappe de raisin.

Cet exemple entraîna toute l'école, et non seulement Tony eut à dîner, mais il emporta le soir assez de pain et de pitance pour le souper de sa pauvre mère.

Ces bons petits enfants étaient heureux en commençant leur repas, mais ils l'étaient bien plus encore après avoir consolé leur petit camarade.

15. — Le lever et le déjeuner de la petite fille.

Ma chère Marie, notre maman est à la campagne, et ne doit revenir que demain; elle m'a fait sortir de la pension pour garder la maison. Tu voudras bien, j'espère, être ma petite fille, et faire tout ce que dira ta bonne Clémentine qui t'aime tant.

Sept heures viennent de sonner; allons, il est temps de sortir du lit; ne faisons pas la paresseuse. Laissons-nous chausser, habiller; quand tu seras grande comme moi, tu le feras toute seule.

A présent, je vais te peigner et te débarbouiller : un enfant est toujours gentil quand il est propre. Passons donc le peigne dans ces jolis cheveux blonds... Ne pleurez pas, petite fille; on ne vous fait pas de mal... là ! Nettoyons cette figure, ces oreilles, ces mains qui font peur, et essuyons-les... Voilà qui est bien.

Mais quoi ! tu demandes déjà à déjeuner?... mais il faut auparavant faire ta prière ; autrement le bon Dieu ne t'aimerait pas. C'est toujours par là qu'on doit commencer sa journée.

J'ai moi-même remercié Dieu de la bonne nuit que j'ai passée ; je lui ai demandé pour aujourd'hui la nourriture dont j'aurai besoin, et je n'ai pas oublié notre bonne maman qui, loin de nous, n'est peut-être pas sans inquiétude. Fais comme moi, ma chère Marie. A genoux..... bien, très-bien !

Nous pouvons à présent songer à déjeuner.

Tu vas avoir ta soupe comme toujours. J'espère bien que tu ne feras pas la grimace : c'est trop vilain une mine rechignée. Mets d'abord ta serviette, et mange proprement, car si tu te salissais, je te gronderais, tu le sais bien. Tiens ta cuillère comme il faut, et ne prends pas trop de soupe à la fois.

Bois un peu, et essuie-toi la bouche. Le déjeuner est fini.

Tu peux maintenant aller un peu au jardin ; mais ne te traîne pas, et ne touche à rien.

---

16. — Le papillon.

Annette courait dans la campagne après un joli papillon. Les couleurs vives de l'insecte, la légèreté de son vol, avaient séduit la petite fille, qui se promettait bien de l'attraper. Mais le papillon semblait se rire de ses efforts, ne quittant les fleurs où il s'était posé qu'au moment où les doigts de l'enfant allaient le saisir.

Oh! le vilain! dit Annette pleine de dépit; j'ai été trop bonne pour lui! Il ne le mérite pas, je voulais le prendre doucement par les ailes pour ne pas lui faire de mal ; mais je ne ferai plus ainsi : qu'il se pose une bonne fois, et nous verrons!

Et le papillon, comme s'il eût accepté son défi, alla se poser sur un bouquet de lilas qui pendait sur un buisson. La petite fille, les yeux fixés sur la fleur et la main tout ouverte, approcha doucement, doucement, en retenant son haleine; puis, allongeant le bras avec précaution, elle se précipita sur le bouquet de lilas en fermant vite la main. Mais, hélas! le malin papillon avait encore une fois pris son vol, et une abeille qui, sans songer à jouer, avait été prise à sa place, piqua vivement la main qui la retenait.

— Méchante bête! dit Annette, que t'avais-je fait pour me blesser ainsi?

— Et le papillon que tu poursuivais, que t'avait-il fait, petite? dit une voix partie de derrière le buisson.

Et Annette, qui n'avait rien à répondre, se retira toute confuse.

---

17. — Louis et Hortense.

Louis est un petit garçon bien gâté qui pense que tout le monde doit se conformer à ses moindres caprices, et qui se montre toujours d'un avis différent de celui des autres. Il va à l'école depuis peu, et déjà personne ne veut jouer avec lui. Il a pourtant une figure qui prévient en sa faveur, mais cela ne suffit pas; il faut encore ne pas contrarier ses petits camarades, et c'est ce que Louis n'a pas compris. Quand on propose de jouer aux billes, il veut jouer à la toupie, et si les autres tirent leur toupie de leur poche, il renfonce la sienne pour prendre ses billes. Veut-on faire une partie de barres, il préfère cligne-musette [1], encore à la condition qu'il n'aura jamais à chercher les autres. Il aime peu le cerceau; cependant il s'empressera de prendre le sien, s'il est question de sauter à la corde; et, en jouant à la balle, si on l'atteint par hasard, il se fâche, il triche, et refuse de continuer la partie. Ce n'est pas en se conduisant ainsi qu'on parvient à se faire aimer.

Sa petite sœur Hortense est d'une humeur bien différente. Elle est gaie, rieuse, complaisante, toujours disposée à faire ce qu'on veut. Qu'il s'agisse de s'amuser à la poupée, au volant, aux osselets, elle ne demande pas mieux, elle changera de jeu autant de fois qu'on le voudra. On ne la voit point bouder, elle ne refuse jamais sa raquette, sa corde, ni aucun de ses joujoux à ses petites amies, et ses petites amies lui prêtent volontiers tous les leurs. C'est à qui sera avec elle, tant elle

---

1. Cache-cache.

est gentille; on ne croirait pas s'amuser, si elle n'était pas de la partie.

Vous voyez, mes enfants, que pour bien vivre avec ses camarades, il faut bien se garder d'être d'humeur difficile, revêche, et qu'on n'a droit à leurs prévenances qu'autant qu'on leur en donne soi-même l'exemple en se montrant complaisant pour eux.

---

18. — Le dîner d'un petit garçon.

Édouard, tu dîneras aujourd'hui avec ta petite maman; j'ai été très-contente de toi ce matin; ce sera ta récompense.

Voilà le couvert mis. Commence par te laver les mains : on doit toujours les avoir propres pour se mettre à table.

A présent, assieds-toi auprès de moi, et dis ton *Benedicite* [1]... Bien!

Voilà ta serviette attachée autour de ton cou.

Voyons si tu sauras bien tenir ta cuillère de la main droite, comme je te l'ai montré?... C'est cela. Ne l'emplis pas trop, et

---

1. Prononcez *Bénédicité*.

prends garde de te brûler : si ta soupe est trop chaude, attends un peu.

Ne fais pas ce bruit en avalant ton bouillon, c'est trop vilain, il faut y aller doucement.

Laisse-là ton assiette ; tu n'as pas besoin de demander autre chose ; les enfants doivent attendre qu'on les serve.

Tiens... dis toujours : *Merci, maman.*

Prends ta fourchette, mange, et n'oublie pas le morceau de pain qui est sous ta main gauche.

Ah ! tu as mis tes doigts dans ton assiette, et à présent tu les essuies à la nappe ! fi ! on ne fait pas ainsi, on s'essuie à sa serviette. Mais tu es encore bien petit.

Mon Dieu ! voilà à présent un os dans la chambre ! Il fallait, mon enfant, le laisser dans le coin de ton assiette : on ne jette rien à terre.

Bois donc un peu, n'attends pas que je te le dise. Cependant ne bois pas la bouche pleine, et prends garde de répandre ton eau rougie sur la table.

Je t'emmènerai un jour dîner avec moi en compagnie : il faut donc bien apprendre à te tenir.

Tu éviteras alors, j'espère, de faire des gestes comme en ce moment, pour avoir du dessert. Tu feras en sorte aussi de n'être pas le dernier à manger, et tu ne mettras dans tes poches rien de ce qu'on te donnera, à moins qu'on ne te le dise. Oh! j'en suis bien sûre, mon petit Édouard ne voudra pas passer pour gourmand.

Tu as dîné. Essuie-toi la bouche, et dis tes grâces pour remercier le bon Dieu de la nourriture que tu as prise et que tu n'aurais pas eue sans lui.

A présent joue un peu; ensuite on te reconduira à la pension.

---

19. — Fritz.

Je voudrais bien être chat, disait un matin le petit Fritz en prenant son livre.

Sa mère, surprise d'un pareil souhait, lui en demanda la cause.

C'est que, maman, dit Fritz, les chats ne vont pas à l'école. Vois Minet dans la cour, comme il est heureux! il dort sans songer à apprendre à lire, et jouera s'il veut, en s'é-

3

veillant : il n'a que ça à faire. Je voudrais bien être comme lui !

Eh bien ! mon fils, dit madame Huber, laisse là ton livre, et va jouer ou dormir comme Minet.

Fritz, qui était assez paresseux, ne se le fit pas dire deux fois ; il posa vite son livre, et courut dans la cour, gai comme un pinson. Il passa la matinée à sauter, à gambader, à se rouler sur l'herbe. Que les chats sont heureux ! disait-il souvent.

L'heure du dîner arriva. Fritz accourut à la salle à manger. Grande fut sa surprise de ne pas trouver son couvert mis. Il demanda pourquoi on l'avait oublié.

On ne t'a pas oublié, lui dit sa maman : tu désires être comme Minet, et tu sais bien que Minet ne mange pas à table. Viens avec moi, ton dîner est à la cuisine.

Le petit garçon n'était pas fier, il suivit sa mère sans rien dire. Mais il se mit à pleurer à chaudes larmes, quand il vit que ce dîner consistait en quelques croûtes qu'on avait placées dans une petite écuelle et arrosées d'écume. Il comprit que ce qu'il avait dit le matin était bien sot, bien ridicule, et il promit d'être plus sage.

O maman, dit-il, je ne veux plus être que ton petit garçon; pardonne-moi!

Madame Huber lui pardonna aisément. Fritz dîna à table, et ne parla plus de manquer l'école pour jouer et dormir comme le chat.

20. — Aimez les parents que le Ciel vous a donnés.

Quand vous avez faim, mes enfants, vous le dites à votre papa ou à votre maman, et l'on vous donne à manger.

Quand vous avez froid, quand vos vêtements sont trop légers, vous avez encore recours à vos parents, qui vous font une place au coin de leur feu ou qui vous couvrent davantage.

Quand vous êtes malades, qui est-ce qui prend soin de vous? vos parents.

Si quelqu'un voulait vous faire du mal, qui vous défendrait? vos parents, toujours vos parents. Sans eux vous seriez peut-être plus d'une fois tombés dans le feu ou dans l'eau, sous les pieds des chevaux ou sous les roues d'une voiture.

Ainsi ce sont vos parents qui vous donnent

les aliments, les vêtements et tout ce dont vous avez besoin ; ils veillent sur vous, vous soignent dans vos maladies et vous protégent contre tout danger ; s'ils vous abandonnaient, s'ils ne voulaient plus de vous dans leur maison, vous mourriez bientôt de faim, de froid et de misère. Vous devez donc bien les aimer, et surtout bien vous garder de leur faire de la peine.

Mais savez-vous, mes enfants, comment votre père et votre mère se procurent le pain dont ils vous nourrissent, les habits dont ils vous couvrent, le lit où vous reposez la nuit? c'est en travaillant.

Le matin, vous dormez encore, ils se mettent à l'ouvrage ; dans le jour, pendant que vous jouez ou que vous êtes à l'école, ils travaillent encore, et le soir, quand vous vous endormez, ils n'ont pas toujours fini leur journée. Oh! sans vous ils ne connaîtraient pas ces rudes fatigues!

Aimez-les donc bien, ces chers parents, aimez-les de tout votre cœur : soyez soumis, obéissants, empressés auprès d'eux, et remerciez bien le Seigneur de vous les avoir donnés.

21. — L'aveugle.

Il avait plu toute l'après-midi, et les ruisseaux des rues étaient si gros, qu'on ne pouvait guère les traverser qu'au moyen d'une planche. Cependant le pauvre vieux Simon-l'Aveugle rentrait tout seul, comme toujours, après avoir travaillé une partie de la journée chez un coutelier dont il tournait la meule. Il savait que tous les chemins n'étaient pas praticables, mais il espérait rencontrer des âmes charitables qui l'aideraient à sortir d'embarras. Il arriva bientôt près d'un endroit où les eaux couvraient une bonne partie de la rue. Malheureusement il ne se trouvait là personne qui pût lui servir de guide, et le pauvre Simon était exposé à s'enfoncer jusqu'à mi-jambes dans l'eau bourbeuse du ruisseau. Des enfants, il est vrai, vinrent à passer par là en revenant de l'école. Mais, le croiriez-vous, mes amis? loin de plaindre le vieil aveugle, ils riaient de sa misère, et se réjouissaient à l'idée des cris qu'il pousserait en entrant dans l'eau. C'était bien mal, n'est-ce pas? et vous ne feriez pas ainsi?

Cependant le petit Édouard, qui était compatissant, et qui suivait de près ses camarades, cria au vieillard :

« Père Simon ! arrêtez ! arrêtez ! gardez-vous de passer là ! Attendez-moi ; je viens à vous. »

En effet, le bon petit garçon alla prendre l'aveugle par le bras, et le fit passer sur deux planches qu'on avait posées à quelque distance de là.

« A présent, père Simon, dit l'enfant, vous pouvez sans crainte aller jusque chez vous. Bonsoir !

— Merci, dit le vieillard en pressant avec effusion les mains du jeune guide, merci, cher petit ! que le ciel te récompense comme tu le mérites ! »

Édouard était tout heureux, et ses camarades, qui n'avaient pas tardé à reconnaître leur faute, regrettaient amèrement de n'avoir pas fait comme lui.

---

22. — Jeannette.

Les petites filles doivent de bonne heure aider à leur mère dans les soins du ménage. C'est ce qu'a parfaitement compris Jeannette, quoiqu'elle ait à peine sept ans. Elle va rarement à l'école le matin sans avoir cherché à se rendre utile à sa maman. Si elle n'est pas assez grande encore pour manier le balai, du moins elle essuie les chaises, la table et le buffet pour en ôter la poussière. Elle regarde bien aussi comment on lave les assiettes, les plats, les écuelles; comment on écure les chenets, le gril; comment on fourbit le poêlon, la casserole : elle voudrait déjà le savoir faire toute seule, afin d'en ôter la peine à sa maman. En attendant, elle range une partie de la vaisselle, les cuillères, les fourchettes; met en place la pelle, les pincettes; il y a vraiment plaisir à la voir faire, tant elle s'y prend adroitement.

Quand elle revient de l'école à midi, Jeannette ne s'amuse pas en chemin, comme certaines petites filles; elle sait que sa mère prépare le dîner; elle veut de son côté mettre le couvert; et c'est elle aussi qui l'ôtera après le repas.

A cinq heures, après la classe du soir, elle se hâte encore de regagner la maison pour garder son petit frère. Le marmot crie quelquefois. Alors Jeannette le caresse, l'apaise, le console, et l'amuse avec ses joujoux; ou bien elle le berce et l'endort en chantant. Pendant ce temps, sa mère peut vaquer à ses occupations, laver, savonner, raccommoder, et repasser le linge et les habits de la famille. Il y a tant à faire dans un ménage!

Vous le voyez, Jeannette est une charmante enfant. Aussi non-seulement ses parents, mais tout le monde l'aime, et les mamans disent en la voyant : Mon Dieu! que je serais heureuse d'avoir une petite fille si prévenante, si douce, si gentille! quelle bonne femme de ménage elle fera un jour!

J'espère, mes enfants, que vous voudrez imiter Jeannette : il est si doux de se rendre utile et de se faire aimer!

23. — Amour fraternel.

Après ses parents, il n'est rien au monde que Georgette aime plus que son frère Théodore, et Théodore le lui rend bien, car il perd rarement une occasion de faire plaisir à sa chère petite sœur. C'est entre ces charmants enfants un échange continuel de prévenances et de bons procédés.

L'été dernier, Théodore avait commis une

grande faute. Cédant aux instances d'un petit polisson, il avait été se baigner sans la permission de son papa, et il avait failli se noyer. M. Dupont voulait le punir sévèrement pour empêcher que pareille imprudence ne se renouvelât; mais Georgette intercéda pour lui. Mon bon petit papa, dit-elle, pardonne à mon frère; vois comme il pleure, comme il a du chagrin : c'est qu'il sent qu'il t'a fait de la peine et qu'il s'en repent amèrement. Pardonne-lui pour cette fois; je suis sûre qu'il ne recommencera plus. Elle prononça ces paroles d'un ton si suppliant, elle fit tant de caresses à son père, lui donna tant de baisers, que M. Dupont se laissa fléchir. Théodore obtint son pardon et ne fut pas ingrat.

Le lendemain, Georgette allait à l'école, quand un gros chien, attiré par ce qu'elle portait dans son panier, se précipita sur elle pour le lui ravir. L'enfant se mourait de frayeur; mais son frère, qui la suivait de près, saisit un énorme caillou, et le lança avec tant de force et d'adresse contre l'animal, que celui-ci lâcha prise et s'enfuit en poussant de grands cris. Georgette en fut quitte pour la peur; Théodore, pour la rassurer entièrement, l'accompagna jusqu'à la porte de l'école.

« O mon frère, dit la petite fille, que tu es bon pour moi ! comment reconnaître le service que tu m'as rendu ?

— Bah ! répondit le garçon, ce n'est rien ; tu as bien plus fait pour moi hier en apaisant la colère de papa, qui voulait me punir, moi qui l'avais si bien mérité. »

---

24. — Une visite du comité local.

L'Instituteur. — Je voudrais bien savoir pourquoi Joseph et Louis ont mis ce matin leurs habits des dimanches?

Joseph. — Monsieur, c'est parce que vous avez dit que le comité doit visiter l'école aujourd'hui.

L'Instituteur. — Mais vous ai-je dit de prendre d'autres vêtements que ceux que vous portez dans la semaine? Non, certainement. En vous prévenant de la visite de ces messieurs, je me suis borné à vous recommander, comme je le fais presque chaque jour à quelqu'un de vous, de ne point venir à l'école sans vous être nettoyés avec le plus grand soin. Il ne fallait pas aller au delà de ma recommandation.

Louis. — Monsieur, nous croyions bien faire.

L'Instituteur. — J'en suis persuadé; néanmoins, si vous n'étiez pas nouveaux dans l'école, je vous renverrais changer d'habits. Mettez-vous à vos places, et que cela ne se renouvelle pas.

Comprenez bien tous, mes enfants, qu'en venant ici, le comité local désire voir par lui-même si vous êtes propres habituellement, et qu'il ne pourrait pas en juger, s'il vous trouvait autrement vêtus que vous n'êtes tous les jours.

Je tiens d'ailleurs à ce qu'on sache bien que mes petits amis écoutent avec déférence les avis de leur maître, et qu'ils commencent à comprendre combien la propreté est une qualité précieuse. Aussi, soyez tranquilles, la bonne tenue de la plupart d'entre vous n'échappera pas à ces messieurs, ils seront contents, j'en suis sûr.

Pour qu'ils soient plus contents encore, rappelez-vous que, dès qu'ils entreront, vous devrez vous lever et vous tenir debout jusqu'à ce qu'on vous ait fait signe de vous asseoir.

Je n'ai pas besoin de vous recommander de garder le plus profond silence et de rester tranquilles à vos places. Vous savez aussi qu'il serait impoli de rire sans sujet, aussi bien que de rire aux éclats.

Quelques-uns de vous sont enrhumés et m'ont demandé la permission de garder leurs coiffures pendant la classe. Il sera convenable qu'ils se découvrent ; ils ne sont pas assez malades pour en être dispensés.

On vous fera lire sans doute ; on vous adressera des questions sur ce que vous avez appris. Tenez-vous debout tout le temps qu'on vous interrogera.

Gardez-vous de chercher à répondre quand vous n'aurez pas entendu ou que vous ne comprendrez pas ce qui vous sera demandé, dites alors : *Monsieur, je n'ai pas entendu ; ayez la bonté de répéter la question*, ou bien : *Monsieur, je n'ai pas compris*. Vous vous exposeriez à passer pour des étourdis en faisant autrement, car il est à peu près certain que vous répondriez de travers.

Lorsque vous aurez à répondre *oui* ou *non*, ajoutez-y toujours le nom de *monsieur :*

rien n'est grossier comme de dire *oui* et *non* tout court.

Si l'on vous demande vos cahiers, apportez-les en saluant ; vous saluerez encore quand on vous les rendra. Et s'il arrive que vous ayez à passer devant quelqu'un, vous vous inclinerez en disant : *Pardon, monsieur !* mais sans porter la main à vos cheveux comme le font encore plusieurs d'entre vous ; cette manière de saluer est niaise, ridicule.

Vous m'avez entendu, mes amis, vous m'avez compris, je pense. Mettez donc cette petite leçon en pratique, afin de passer pour des enfants bien élevés.

En attendant notre visite, reprenons nos exercices.

---

25. — Un bon cœur.

Après une semaine bien employée à l'école, Charles, plein de joie, apportait un billet de satisfaction à ses parents.

« C'est bien, mon fils, dit sa maman, et, pour te récompenser, je vais te donner une belle tartine de confitures et une grosse pomme.

— Et moi, dit son papa, je vais te donner les deux sous que je t'ai promis : tiens, les voilà. »

Si l'enfant était content d'avoir un si bon goûter, il ne l'était pas moins de ses deux sous; car il en avait eu autant la semaine précédente, et il se promettait d'acheter avec cet argent un joli petit pantin qu'il avait plus d'une fois regardé du coin de l'œil, en passant devant la boutique du bimbelotier[1]. Ainsi rien ne manquait à son bonheur.

Charles prit son goûter et alla en sautillant sur le seuil de la porte. Comme il s'apprêtait à mordre dans sa tartine, il vit s'approcher un pauvre petit Savoyard qui lui dit :

« J'ai bien faim, mon petit monsieur, et ma marmotte aussi; nous n'avons rien mangé de la journée, et nous n'avons rien pour souper; comment ferons-nous?... Encore si j'avais un peu de pain pour ma petite bête!... Ayez pitié de nous ! »

Charles a un bon cœur. Cette prière le toucha, et il se décida bientôt à s'imposer une privation pour soulager celui qui l'implorait. Il jeta toutefois un coup d'œil un peu

---

1. Marchand de jouets d'enfants.

triste sur sa pomme et ses confitures, poussa un gros soupir presque malgré lui, puis, faisant un effort :

« Tiens, petit garçon, dit-il, prends mon goûter ; prends aussi ces deux sous. On m'a dit à l'école qu'il ne faut pas laisser souffrir les malheureux. »

Charles ne goûta pas ce jour-là, il n'en soupa que mieux ; et le bon Dieu fit entrer dans son cœur une joie si douce, si douce, que l'enfant se sentit bien plus heureux d'avoir fait cette aumône, que s'il eût mangé les meilleures friandises du monde.

26. — Probité.

Suzette s'en allait gaiement à l'école avec son petit livre et une jarretière qu'elle avait commencée pour son papa. Quelqu'un qui l'eût vue si empressée ne se serait certainement pas douté que la pauvre petite n'avait eu à son déjeuner qu'un morceau de pain noir. C'est que Suzette savait bien que ses parents, qui gagnaient péniblement leur vie, n'avaient pas autre chose à lui donner.

Chemin faisant, elle aperçut à terre un petit sac de toile lié d'une ficelle. Elle le ramassa, l'ouvrit, et y trouva bon nombre de pièces de monnaie de différentes valeurs. Quel bonheur! dit-elle en sautant de joie; des pièces blanches! des écus! je vais porter à la maison cette précieuse trouvaille, et nous serons riches, riches pour longtemps!

A peine eut-elle fait quelques pas qu'elle s'arrêta. Mais ce n'est pas à moi, pensa-t-elle, la personne qui l'a perdu le cherchera sans doute, et, ne le trouvant pas, elle en aura peut-être beaucoup de chagrin. Oh! je voudrais bien savoir à qui appartient cet argent, j'irais bien vite le rendre!

Pendant qu'elle réfléchissait ainsi, embarrassée de ce qui lui avait d'abord causé tant de plaisir, un monsieur vint à elle et lui dit :

« Ma petite fille, n'aurais-tu point trouvé par hasard un sac d'argent que j'ai dû laisser tomber près d'ici?

— Oui, monsieur, répondit Suzette; le voici, tenez; je suis bien aise de pouvoir vous le remettre...

— Merci, ma petite, dit l'étranger, tu es une excellente enfant!... Tiens, prends cette petite pièce, tu en feras ce que tu voudras.

Je suis bien aise à mon tour de pouvoir reconnaître ton honnêteté. »

Suzette accepta, non sans hésiter d'abord, et fit la révérence ; mais au lieu d'acheter des friandises comme d'autres auraient pu le faire à sa place, elle courut raconter l'aventure à sa mère, à qui elle remit la pièce d'argent. Et sa mère, enchantée, lui donna deux gros baisers qui rendirent la petite fille bien heureuse.

27. — Désobéissance.

Ne t'approche pas toujours ainsi du feu, Charlotte, disait une mère à sa fille, ne touche pas aux tisons avec la pelle ni les pincettes. Il t'arrivera quelque malheur. Tu brûleras ta robe, ou le pot se renversera sur tes jambes et t'échaudera.

La maman parlait inutilement : Charlotte était désobéissante ; elle n'en continuait pas moins de toucher au feu. Son plus grand plaisir était de faire avec du fil et de la cire de petites bougies qu'elle allumait ; de jeter dans la cheminée des broutilles, des feuilles sèches, des chiffons. Elle avait failli plus d'une fois causer un incendie, et plus d'une fois aussi elle avait brûlé des papiers nécessaires, des morceaux d'étoffe qui pouvaient servir encore à raccommoder. Quand on l'avait bien grondée, elle se montrait plus sage pendant quelques jours; puis elle recommençait à jouer avec le feu. La malheureuse enfant! elle paya cher sa dernière désobéissance.

Sa maman était sortie bien tranquille sur son compte, car elle avait auparavant éteint le feu par précaution; elle devait d'ailleurs rentrer dans un instant. Mais à peine eut-elle poussé la porte, que l'incorrigible Charlotte grimpe sur une chaise, prend sur la cheminée des allumettes phosphoriques, court ramasser de la paille, de la bruyère, des brindilles de saule, qu'elle entasse dans le foyer et qu'elle allume, toute joyeuse de pouvoir se livrer en liberté à ses jeux de prédilection. Hélas! ces transports furent de courte durée, car dans la vivacité de ses mouvements, elle s'approcha trop de la cheminée et le feu prit à son tablier! Alors elle comprit, mais trop tard, son imprudence. La frayeur la saisit; elle se précipite dans la rue pour appeler au secours, et le grand air excite encore la flamme qui dévore ses vêtements.

Les voisins entendirent ses cris, mais ils ne purent arriver assez tôt pour empêcher Charlotte d'avoir le visage et une partie du corps brûlés. Jugez, mes enfants, de la douleur de la pauvre mère, lorsque, en rentrant, elle vit son enfant demi-morte et défigurée peut-être pour la vie !

---

28. — Dieu a tout créé.

Que le soleil est beau ! de quel éclat il brille ! on ne peut le regarder sans en être ébloui ! — Qui donc a fait le soleil ? — C'est le bon Dieu.

Cependant, si le soleil était toujours ainsi, la terre serait bientôt desséchée, et rien ne pourrait vivre à sa surface ; mais les nuages passent au-dessus de nos têtes et tempèrent la chaleur du jour ; ils se changent en gouttelettes qui tombent en pluie, et la pluie vient féconder nos campagnes. — Qui donc forme les nuages et fait descendre la pluie du ciel ? — Le bon Dieu.

Des arbres de toute espèce s'élèvent dans nos jardins, nos vergers, nos forêts ; les uns se couvrent de fruits vermeils qui nous rafraîchiront durant l'été ; les autres nous don-

meront leurs branches pour nous défendre du froid pendant l'hiver, et leurs troncs robustes pour faire mille objets utiles à nos besoins.
— Qui donc a fait les arbres ? Qui donc y a suspendu ces fruits délicieux ? — Le bon Dieu.

Les petits oiseaux chantent sous le feuillage, et leurs concerts mélodieux remplissent nos cœurs d'une douce joie. — Qui donc a fait le feuillage et les petits oiseaux ? — Le bon Dieu.

Des herbes épaisses croissent dans nos prairies, et les troupeaux y vont chercher une abondante pâture. — Qui donc a fait les troupeaux et les prairies ? — Le bon Dieu.

Les fleurs ouvrent à la lumière leurs brillantes corolles, et l'abeille diligente y vient puiser le suc dont elle compose son miel. — Qui donc a fait et les fleurs et l'abeille ? — Le bon Dieu.

L'air s'agite doucement et nous apporte le parfum des fleurs avec le bruit du ruisseau qui murmure. — Qui donc a fait cet air que nous respirons avec tant de bien-être ? — Le bon Dieu.

Des fleuves, des rivières, des ruisseaux,

sillonnent la terre et la fertilisent; une multitude innombrable de poissons trouvent un asile dans leurs eaux bienfaisantes. — Qui donc a fait les eaux et les poissons? — Le bon Dieu.

Les blés jaunissent, les épis se courbent vers la terre, et la vigne pliera bientôt sous le poids de son fruit qui grossit chaque jour. — Qui donc fait mûrir le fruit de la vigne et jaunir nos moissons? — Le bon Dieu.

La terre enferme dans son sein les pierres dont nous construisons nos demeures, et le fer, le cuivre, l'or, l'argent, si utiles à l'homme. — Qui donc a fait les pierres et les métaux? — Le bon Dieu.

Oui, mes enfants, Dieu a tout fait, tout créé. Et ces êtres sans nombre qui remplissent l'univers, ne sont qu'un jeu de sa puissance. Oh! si l'âme est saisie d'admiration à la vue de tant de merveilles, combien nos cœurs doivent être émus en songeant aux bienfaits dont nous avons été comblés? Contemplez donc les œuvres du Seigneur et cherchez à les comprendre; gardez à jamais le souvenir de sa bonté infinie, et que son saint nom soit toujours sur vos lèvres.

29. — Ce que c'est qu'aimer Dieu.

Savez-vous, mes enfants, ce que c'est qu'aimer le bon Dieu?

Aimer le bon Dieu, c'est avoir au fond du cœur une vive reconnaissance pour tous les bienfaits que nous avons reçus de lui; c'est aussi lui obéir dans tout ce qu'il commande. Or, mes amis, le Seigneur n'exige pas beaucoup des petits enfants; il ne demande rien qui soit au-dessus de leurs forces. Voulez-vous remplir les devoirs qu'il vous impose? voulez-vous lui montrer que vous l'aimez comme un bon père, dans toute la sincérité de votre âme?

Et d'abord faites bien le matin et le soir la prière qu'on vous a apprise, et suivez avec recueillement celle qui commence et qui termine chaque classe. La bénédiction du ciel descend toujours sur ceux qui l'implorent avec confiance.

Les dimanches et les jours de fête, ne manquez pas d'assister aux offices, soit avec vos parents, soit avec vos condisciples, à qui vous vous efforcerez de donner l'exemple de la piété.

Honorez votre père et votre mère; montrez-vous reconnaissants envers tous ceux qui prennent soin de vous élever et de vous instruire. C'est ainsi que se conduisait Jésus-Christ, notre Sauveur; conformez-vous à ce divin modèle.

Veillez attentivement à ce qu'un mensonge ne s'échappe jamais de votre bouche : c'est une chose odieuse. Si vous avez fait quelque faute, avouez-la sans détour : on aura pour vous plus d'indulgence. Le mensonge se reconnaît presque toujours dans les yeux ou sur le visage de celui qui s'en rend coupable; et il n'échappe jamais à Dieu, qui voit tout. Sachez d'ailleurs, mes amis, que les menteurs sont appelés dans l'Écriture les *Enfants du Démon*.

La gourmandise est aussi un grand péché que Dieu punit en nous envoyant des maladies. Ne soyez donc pas gourmands, afin de conserver la santé, qui est un des biens les plus précieux.

Que vos habits soient tenus proprement et vous recouvrent avec une extrême décence; ne faites rien, ne dites rien que vous ayez honte de dire ou de faire devant votre maman, devant tout le monde.

Vous avez de petits amis, et vous ne voudriez pas en être frappés, ni en recevoir des injures : soyez polis envers eux et ne les battez jamais.

Vous avez des joujoux et vous n'aimeriez pas qu'un autre vous les prît; vos parents ont peut-être une vigne, un jardin, un petit coin de terre, et vous ne seriez pas contents que quelqu'un y entrât pour toucher aux raisins, aux fruits, aux légumes, aux arbres; respectez vous-mêmes la propriété des autres; contentez-vous de ce que vous avez; ne dérobez rien à personne.

Parmi les choses que Dieu vous demande, voilà, mes enfants, les plus essentielles. Tâchez de les graver dans votre mémoire, et, ce qui vaut encore mieux, mettez-les en pratique; en avançant en âge, vous grandirez en vertu, et la vertu reçoit tôt ou tard sa récompense.

---

30. — La Mère de famille.

Deux enfants, Julien et Marie, venant un matin embrasser leur mère, comme de coutume, la trouvèrent encore dans son lit. Elle était malade, et son état même commençait à causer de l'inquiétude. Le médecin, qui était présent, leur recommanda le plus grand silence :

« Votre maman a la fièvre, leur dit-il, elle souffre beaucoup de la tête : le moindre bruit pourrait la fatiguer davantage. N'approchez donc de sa chambre qu'avec précaution. »

Les enfants promirent, et tinrent parole, car ils étaient fort obéissants.

Dès ce jour, le ménage fut en souffrance : il n'y régnait plus le même ordre, la même propreté ; Julien et Marie même s'en ressentirent et ne furent plus aussi bien soignés. Ils réfléchirent alors sur la cause de ce changement, et n'eurent pas grand'peine à la découvrir :

« Que deviendrions-nous, disaient-ils, si notre pauvre maman venait à nous manquer ? »

Et ils attachaient un plus grand prix encore à la conservation de celle qui leur était si nécessaire. Ils s'affligeaient cependant de sa maladie par un motif plus élevé : ils l'aimaient de tout leur cœur, et ses souffrances leur arrachaient des larmes. Aussi cherchaient-ils à l'envi [1] à lui témoigner leur vive

---

1. *À l'envi*, avec émulation.

affection par une foule d'attentions et de prévenances où se peignait leur excellent naturel. Puis, tous les matins et tous les soirs, ils adressaient au ciel une fervente prière; ils suppliaient le Seigneur de prolonger les jours de l'excellente mère qu'il leur avait donnée, et promettaient en retour de faire tous leurs efforts pour la rendre heureuse.

Le ciel daigna exaucer leurs vœux : le dixième jour, la malade éprouva un mieux très-sensible, et elle entra bientôt en pleine convalescence [1].

31. — La petite fille et la bonne maman.

Mme RICHARD. — C'est bien, ma bonne Irma, c'est bien! Tu peux aller au jardin; j'entends tes amies qui jouent! va avec elles, va, mon enfant. Je suis mieux; je puis rester seule. D'ailleurs ta mère va bientôt rentrer.

IRMA. — Laissez-moi, bonne maman, vous tenir compagnie, et vous donner ce dont vous pourrez avoir besoin. Tenez, prenez cette tasse de tisane que j'ai sucrée pour vous, ne la laissez pas refroidir. Pendant ce

---

1. *Convalescence*, état d'une personne qui relève de maladie.

temps-là, je renouvelle le feu de votre chaufferette, et je le recouvre d'un peu de cendres. Mettez vos pieds dessus à présent; vous aurez bien chaud... là! Il faut bien aussi arranger votre châle sur vos épaules et relever ce carreau derrière votre dos; appuyez-vous dessus maintenant. Je vais fermer les rideaux de la croisée pour empêcher le jour de vous faire mal aux yeux.

Mme Richard. — L'excellente enfant, mon Dieu! comment ne l'aimerais-je pas?

Irma. — Désirez-vous autre chose, grand'mère?

Mme Richard. — Non, ma fille, tu peux descendre, te dis-je, tes amies t'attendent.

Irma. — Oh! elles sauront bien se passer de moi; tandis que si je vous laissais, vous seriez toute seule, et vous pourriez trouver le temps long. Me voilà assise à vos pieds sur mon petit tabouret.

Mme Richard. — Mais tu vas t'ennuyer.

Irma. — Jamais auprès de vous, chère grand'mère; où pourrais-je être mieux? Ne vous mettez pas en peine; je resterai jusqu'à ce que maman soit arrivée.

Voyons, voulez-vous que, pour vous distraire, je vous récite une fable, ou que je vous raconte une jolie histoire que j'ai apprise à la pension?

Mme Richard. — J'aimerais mieux, mon enfant, t'entendre lire un peu pour juger de tes progrès. Va prendre sur la commode un livre qu'on m'a apporté ce matin.

Irma. — Le voici. Qu'il est joli! la belle couverture! Y a-t-il des images? Oui; une, deux, trois, quatre..., c'est charmant!

Mme Richard. — Tu le trouves donc bien de ton goût?

Irma. — Assurément.

Mme Richard. — Eh! si je te le donnais?...

Irma. — Si vous me le donniez, chère grand'mère, je serais bien contente, et je vous embrasserais de tout mon cœur.

Mme Richard. — Eh bien! mon enfant, embrasse-moi et sois contente, car il est pour toi; je l'ai fait acheter pour te récompenser des bons soins que tu m'as donnés pendant ma maladie.

A présent, j'entends ta maman qui rentre; va jouer, je le veux.

Irma. — J'y vais, puisque c'est ainsi; j'emporte mon beau livre pour montrer à mes amies combien vous gâtez votre petite-fille; mais je reviendrai bientôt.

32. — Trait d'abstinence d'un enfant de cinq ans.

Voici, mes amis, une petite histoire qui ne laisse pas d'être touchante, et que vous écouterez, j'espère, avec intérêt.

C'était au milieu de l'hiver. Le froid se faisait rudement sentir ; la misère était grande, et la charité publique s'épuisait pour secourir les indigents, dont le nombre augmentait de jour en jour.

Un bon curé de campagne ayant appris qu'un de ses paroissiens, chargé d'une nombreuse famille, se trouvait dans le plus affreux dénûment, à cause de la rareté du travail et de la maladie de sa femme, appela auprès de lui les trois petits garçons de ce pauvre homme, pour leur faire prendre mesure d'habits. Les enfants, dont le plus jeune n'avait que cinq ans, arrivèrent au presbytère[1] transis, grelottants de froid ; c'était pitié de les voir. On les fit approcher d'un bon feu, et l'on donna à chacun d'eux un gros morceau de pain et de la viande à proportion. Quelle joie pour ces infortunés ! Il fau-

---

1. Demeure du curé.

drait, pour la bien comprendre, avoir comme eux souffert la faim.

Les deux aînés eurent bientôt achevé leur portion, tandis que le cadet n'avait pas encore touché à la sienne. Le curé s'en aperçut et lui dit :

« Pourquoi ne manges-tu pas, mon petit garçon? Est-ce que tu n'as pas faim?

— Si fait, monsieur, j'ai bien faim ; mais je veux garder mon pain et ma viande pour ma mère, qui est malade. »

Et comme l'enfant disait ces mots, ses yeux se remplirent de larmes.

« Console-toi, mon petit, reprit le bon prêtre ; je n'oublie pas ta mère : elle aura sa part; mange la tienne.

— Non, monsieur le curé, je veux la porter à ma mère, qui est malade.

— Encore une fois, ta mère aura ce qu'il lui faut. Et tiens, voici pour elle du pain et de la viande, tu le lui remettras toi-même. A présent, mange ce que je t'ai donné; allons, mon enfant, allons!...

— En ce cas, monsieur le curé, je vais manger mon pain ; mais j'emporterai ma viande pour ma mère. »

Le digne ecclésiastique fut si touché des

bons sentiments du pauvre petit, qu'il ne put s'empêcher de le presser dans ses bras.

Vous admirez aussi, n'est-il pas vrai, mes amis, la conduite de ce bon petit garçon, qui aimait mieux sa mère que lui-même? Sachez donc, dans l'occasion, montrer à la vôtre que vous l'aimez autant, dût-il vous en coûter un sacrifice. Vous la rendrez bien heureuse, et vous ne le serez pas moins vous-mêmes.

---

33. — Gourmandise.

Que c'est vilain d'être gourmand! de n'être jamais content de ce qu'on reçoit, de regarder toujours si la part de ses frères et de ses sœurs n'est point trop grosse, et d'avoir envie de tout ce que les autres mangent! C'est pourtant ainsi qu'était autrefois Anatole. Quand il était à table, il ouvrait de grands yeux comme s'il eût voulu dévorer tout ce que le plat contenait; son assiette ne lui semblait jamais assez pleine. Entre les repas, il avait constamment faim, et prenait en cachette le pain, le fromage, le sucre et tout ce qu'il pouvait attrapper. Au jardin, il cueillait les fruits verts, et faillit un jour s'étrangler en mangeant avec trop d'avidité des cormes[1] dont la couleur vermeille l'avait séduit. A l'école, il avait aussitôt fini de vider son panier. Alors il allait demander une partie du dîner des autres; à force d'importunité, il arrachait à l'un un petit morceau de pain, à l'autre une bouchée de viande. Il alla même une fois jusqu'à dérober le goûter d'un autre petit garçon. La faute était grave. L'instituteur voulut en savoir l'auteur. Anatole soutint que ce n'était pas lui : la gloutonnerie l'avait rendu voleur et menteur. Mais sa rougeur le trahit, et il fut puni comme il le méritait.

Depuis lors Anatole se montra plus sage à l'école; mais il n'en continuait pas moins de prendre à ses parents tout ce qui lui tombait sous la main.

Un jour que sa grand'maman était malade, il vit qu'on avait posé sur la cheminée un petit paquet soigneusement plié; sa curiosité en fut excitée. Il le prit, l'emporta dans un coin pour voir si ce n'était point quelque friandise. Il l'ouvrit, et y trouva de la poussière blanche qu'il prit pour du sucre pilé.

---

1. Des sorbes.

J'en aurai ma part! se dit-il tout joyeux. Et aussitôt il y posa sa langue; et, de peur d'être surpris, avala vite ce qui s'y était attaché. Or, mes amis, cette poussière était une médecine qu'on appelle *émétique*, et qui sert à faire vomir. Il en faut très-peu pour qu'elle produise son effet sur les enfants. Aussi Anatole fut bientôt saisi d'un si violent mal de cœur qu'il se croyait perdu. Il ne put manger de tout ce jour-là, ni le lendemain. Ses parents, inquiets d'abord, furent rassurés par le médecin, et ils espéraient que la leçon serait bonne. L'enfant leur demanda pardon de sa gourmandise et promit de ne plus retomber en faute.

Il fit en effet quelques efforts pour se corriger, et l'on crut pouvoir l'emmener souper un soir chez son oncle. Par malheur on le plaça auprès d'une personne qui croyait que l'on pouvait, sans inconvénient, donner aux enfants tout ce qu'ils demandent. Anatole, qui s'observait d'abord, fut entraîné peu à peu par la vue et l'odeur des mets; il voulut manger de tous, et en prit tant, qu'il eut dans la nuit une indigestion dont il faillit mourir. Hélas! on le mit trois jours à la diète, et il lui fallut avaler une médecine bien amère qui lui causait une extrême répugnance. Cette fois, Anatole renonça sérieusement à la gourmandise ; il en avait trop souffert pour jamais l'oublier, et aujourd'hui il est aussi sobre qu'il était gourmand.

34. — Respect pour la vérité.

Julie montrait, dans ses paroles et dans ses actions, la plus louable sincérité [1], et, sous ce rapport, différait singulièrement de ses compagnes, qui avaient toujours quelque chose à taire ou à cacher. Elle ne fuyait pas seulement le mensonge, qui dit effrontément le contraire de la vérité, mais encore tous les détours qui la dissimulent [2] et qui ne sont qu'un mensonge déguisé avec plus ou moins d'art. Jamais elle ne se permettait une flatterie : elle détestait également ce qui est faux ou exagéré.

Elle était toujours bienveillante et polie dans ses propos, mais elle évitait de se servir des compliments d'usage, qui disent souvent autre chose que ce qu'on pense.

---

1. *Sincérité*, franchise, qualité d'une personne qui est sans artifice, sans déguisement.
2. *Dissimuler*, cacher.

Comme elle était vive et même quelquefois étourdie, il lui arrivait de temps en temps de casser ou de gâter de la vaisselle, de petits meubles; chaque fois, elle s'empressait de se déclarer l'auteur de la faute, de peur qu'on ne l'attribuât aux domestiques de la maison. Quand elle entendait imputer[1] injustement quelque tort à des personnes absentes, elle ne manquait jamais de prendre leur défense, et, en cela, elle avait souvent besoin de beaucoup de courage : ceux qui médisent ou qui prêtent des charités aux autres[2] n'aiment guère à être contredits, et ils ne craignent pas de recourir à des paroles blessantes pour cacher leur confusion.

Imitons l'exemple de Julie; ayons toujours, comme elle, un profond respect pour la vérité.

35. — Mensonge.

M. Bernard. — D'où viens-tu, Henri? tu parais tout essoufflé, il m'a semblé te voir

---

1. *Imputer*, attribuer à quelqu'un une chose digne de blâme.
2. *Prêter des charités aux autres*, chercher à faire croire qu'ils ont dit ou fait quelque chose de mal qu'ils n'ont ni dit ni fait.

sortir du jardin; je t'avais pourtant bien défendu d'y entrer.

Henri. — Papa, j'ai joué avec Médor, et nous avons couru; mais je n'ai pas été au jardin.

M. Bernard. — Ton pantalon est pourtant froissé comme si tu avais grimpé sur un arbre, d'où cela vient-il? aurais-tu fait quelque nouvelle imprudence?

Henri. — Non, papa, j'ai joué à la bascule avec mon frère, et tu sais…

M. Bernard. — Mais cette déchirure au genou?

Henri. — Je me la suis faite en tombant.

M. Bernard. — Tes poches paraissent bien remplies, qu'y a-t-il donc dedans? Ne crains-tu pas qu'elles crèvent?

Henri. — Ce sont mes toupies, mes billes et ma corde à sauter. Je vais aller les mettre dans ma caisse à joujoux.

M. Bernard. — Non, approche, je veux vider moi-même tes poches… Ah! qu'est-ce là?… des pommes et des prunes vertes! tu mentais donc?

Henri. — Papa, je craignais d'être grondé; mais j'en suis bien fâché.

M. Bernard. — Vilain enfant! monter sur

les arbres, exposer sa vie! et pourquoi? pour des fruits verts qui peuvent rendre malade!

Henri. — Mais, papa, j'ai ramassé les fruits par terre et sans en manger.

M. Bernard. — Alors, dis-moi comment il se fait que ces pommes, que tu dis tombées, paraissent fraîchement cueillies. En voici une même à laquelle tient encore un petit morceau de branche.

Henri. — Papa, le jardinier me l'a donnée.

M. Bernard. — Eh! comment aurait-il fait? il est sorti avec Médor depuis plus de deux heures, après avoir démonté la bascule, où je ne veux plus que vous jouiez. Malheureux enfant! j'ai voulu voir jusqu'où te pousserait l'effronterie; je reconnais maintenant avec douleur que j'ai toujours été trop indulgent pour toi. Mais il n'en sera plus de même : tu as encore oublié que Dieu défend le mensonge et que celui qui s'en sert pour tromper son père se rend doublement coupable; c'est à moi de m'en souvenir.

Mais ton frère vient. Je vais le questionner à son tour.

Avance, Gustave. Pourquoi cet air embarrassé? Je ne le devine que trop, nous aurons fait quelque étourderie; mais avoue-moi franchement la vérité, tu n'auras pas à t'en repentir.

Gustave. — Pardon, mon cher papa! je vais te dire tout, oui tout! Nous sommes allés au jardin, Henri et moi, malgré ta défense; et j'ai aidé mon frère à grimper sur un arbre, pour cueillir des fruits dont j'ai mangé ma part. Mais je te promets bien de n'y plus retourner.

M. Bernard. — C'est bien, mon fils, tu n'as pas voulu mentir comme ton frère, et je te pardonne. Mais toi, Henri, tu seras puni. Ton bon papa soupera ici et y passera la soirée; tu ne le verras pas. Tiens, voici un morceau de pain sec; monte tout de suite dans ta chambre, tu n'en sortiras que demain.

36. — Arthur.

Ne nous moquons jamais de ceux qui sont infirmes et difformes; ils sont déjà assez à plaindre, et d'ailleurs nous ne savons pas ce qui nous est réservé.

Arthur était le plus joli petit garçon que

j'aie jamais connu ; vif, alerte, spirituel, toujours de bonne humeur, il mettait tous ses camarades en train par ses espiègleries. A peine l'avait-on vu qu'on était prévenu en sa faveur.

Mais Arthur perdait à se faire connaître. Il avait un défaut, un très-grand défaut ; il aimait à railler les autres, à les tourner en ridicule. Non-seulement il riait du boiteux, du bossu, du bègue, du manchot, qu'il contrefaisait en leur présence, il se moquait encore de ceux de ses condisciples à qui il arrivait en classe de prononcer quelque mot de travers. Il est vrai qu'Arthur se sentait encouragé en voyant qu'on ne pouvait s'empêcher de rire de ses singeries ; mais s'il faisait rire, il ne se faisait pas aimer, bien loin de là, car lorsqu'il avait entrepris quelqu'un, il lâchait difficilement prise ; les larmes de celui qu'il tourmentait ne l'arrêtaient pas toujours.

Oh ! vous blâmez Arthur, j'en suis sûr, mes enfants. Vous trouvez qu'il avait mauvais cœur, et vous avez raison. Vous vous garderez bien, n'est-ce pas, d'imiter son exemple ?

Cependant le petit railleur reçut la punition qu'il méritait. Une année, la petite vérole fit de grands ravages dans le pays, et n'épargna pas Arthur. Il fut pris d'une fièvre violente ; de gros boutons lui couvrirent le corps et surtout le visage ; et il en serait mort assurément sans les soins que sa pauvre mère lui prodigua. Il guérit ; mais qui l'eût reconnu après sa maladie ? Sa figure autrefois si fraîche, si rose, resta toute picotée de petite vérole ; un de ses yeux avait beaucoup souffert ; sa vue s'en était affaiblie, et il faisait une grimace assez désagréable, lorsqu'il voulait regarder attentivement quelque chose. En un mot, Arthur était devenu si laid, qu'il ne voulait pas retourner à l'école, de peur d'être à son tour un objet de raillerie. Mais ses camarades ne lui gardèrent pas rancune ; au contraire, quand il reparut parmi eux, ils l'entourèrent avec bonté, et lui firent mille prévenances pour le consoler de sa disgrâce.

Ces attentions émurent vivement le petit garçon, et lui firent mieux sentir ses torts passés. Aussi voulut-il montrer qu'il savait reconnaître la générosité dont on usait envers lui, et il s'attacha si bien à gagner l'affection de ses condisciples, qu'on l'aima bientôt autant qu'on l'avait détesté avant sa maladie.

37. — Ne faites point de mal aux animaux.

Que de services les animaux rendent à l'homme !

Le chien garde la maison, force les malfaiteurs à s'en éloigner, et mourrait pour secourir son maître. Sans lui, comment le berger ferait-il pour venir à bout d'un troupeau souvent indocile ? Comment défendrait-il ses moutons contre les attaques du loup ?

Le chat détruit les rats et les souris, qui souvent font tant de dégâts dans nos maisons, en mangeant les grains, le lard, les provisions de toute espèce, et en rongeant le linge, les vêtements et quelquefois les meubles.

Le cheval traîne de lourds fardeaux, transporte les voyageurs de ville en ville, ou met en mouvement de puissantes machines que nous aurions bien de la peine à mouvoir nous-mêmes.

L'âne sert au meunier pour porter la farine, au jardinier pour conduire les légumes au marché ; il sert au vigneron, au travailleur de terre, qu'il ramène le soir après une journée rude et laborieuse.

Le bœuf, attelé à la charrue, creuse les sillons où le cultivateur sèmera son blé, son orge, son maïs, son avoine.

Le mouton nous fournit la laine qui, cardée, filée et tissée, produit ces draps, ces étoffes chaudes et moelleuses qui nous protégent contre l'hiver.

La vache, la chèvre, la brebis, nous donnent le lait qui nous sert à une foule d'usages.

Le cochon même, tout repoussant qu'il est par sa malpropreté, nous est très-utile.

Les animaux nous rendent donc de grands services, et nous aurions beaucoup de peine à nous en passer. Or, que demandent-ils de nous? De bons traitements et tout juste la nourriture nécessaire pour vivre. Ils ne sont pas gourmands, eux; ils sont peu difficiles sur le choix des mets; la plupart broutent l'herbe dont ils se nourrissent, et l'âne fait souvent son régal d'un chardon.

Ainsi, les animaux font beaucoup pour nous, et nous ne faisons pas grand'chose pour eux; ils ont donc des droits à notre reconnaissance.

Et pourtant, il est des gens assez ingrats pour les faire souffrir, pour les frapper brutalement. Oh! qu'ils ont le cœur dur, ceux-là! qu'ils sont méchants! Gardez-vous bien de les imiter, mes amis. Sachez que si Dieu nous a permis de nous servir des animaux, il nous défend aussi de leur faire du mal, de les frapper sans raison, et que ceux qui enfreindront cette défense recevront un jour une punition proportionnée à leur désobéissance et à leur mauvais cœur!...

38. — Cruauté envers les animaux.

Paul ne passait pas pour méchant parmi ses camarades; il vivait en bonne intelligence avec tous et se plaisait même à les obliger. Mais, à la campagne, il faisait du mal aux insectes, aux lézards, aux petits oiseaux; il leur arrachait les pattes, les ailes, les plumes, leur cassait la queue, et il était enchanté quand il les voyait, ainsi mutilés, se traîner avec peine et donner parfois les signes d'une cruelle agonie. Cependant, sa mère lui faisait à ce sujet de vives et fréquentes remontrances : « Crois-tu donc, mon cher Paul, lui disait-elle, que ces pauvres bêtes ne souffrent pas comme nous? Tu montres un bien mauvais cœur! Je crains que le bon Dieu ne te punisse sévèrement de traiter ainsi des animaux qui sont aussi ses créatures. »

Mais le petit garçon ne pensait qu'à son amusement favori, et se souciait fort peu du sort de ses victimes. Il voulut même s'attaquer aux abeilles du jardin : il en attrapa plusieurs sur les fleurs et les tourmenta avec un malin plaisir; il se mit ensuite à en poursuivre d'autres. Cette fois, il approcha trop de la ruche : sa présence donna l'alarme aux abeilles, qui se mirent aussitôt en devoir de punir son audace. La plupart se précipitèrent sur lui et le couvrirent de douloureuses blessures, qui lui firent enfler la tête et le rendirent méconnaissable. Il eut alors le temps de réfléchir sur les fâcheuses conséquences de sa cruauté envers les animaux, car ce ne fut qu'avec beaucoup de peines qu'on parvint à calmer les douleurs aiguës causées par les piqûres. — Sa mère n'eut plus besoin de renouveler aussi souvent ses représentations, la leçon avait produit son effet; il se corrigea enfin d'un défaut qui pouvait devenir plus grand encore. Celui qui éprouve du plaisir à faire souffrir les animaux, peut finir par être méchant envers les hommes.

---

39. — Babil.

« Quelle enfant désagréable que cette petite Sara! Elle parle la plupart du temps sans savoir ce qu'elle dit; mais c'est égal, rien ne peut arrêter sa langue. La sotte enfant! »

C'est à peu près en ces termes que parlent de Sara toutes les personnes qui la connaissent; et, il faut en convenir, c'est justice, car il n'est guère de petites filles aussi babillardes qu'elle. Je la connais moi-même, et je puis vous assurer que, quand il vient des visites chez ses parents, on est parfois obligé de la faire sortir du salon; autrement elle rend la conversation impossible : elle interrompt tout le monde; elle prend la parole sur des choses qu'il n'est pas permis de savoir à son âge, et où de grandes personnes même croiraient devoir garder le silence. Il y a de quoi en être confus. Puis, comme elle dit sans réserve tout ce qui lui passe par l'esprit, et qu'elle comprend rarement la portée de ses paroles, il arrive souvent que, sans en avoir l'intention, elle blesse les autres par des révélations[1] fâcheuses. En rapportant des choses qu'elle n'avait pas toujours bien entendues, elle a troublé plus d'une fois la bonne harmonie[2] qui régnait dans la famille; et plus d'une fois aussi, ses indiscrétions ont valu des désagréments à sa mère, qui a fini par renoncer à l'emmener avec elle.

Malheureusement, Sara n'est pas la seule babillarde; on voit bon nombre de petites filles qui le sont aussi, — moins qu'elle peut-être, mais encore beaucoup trop. Si vous en connaissez quelqu'une qui ait ce vilain défaut, mes enfants, montrez-lui quelles peuvent en être les conséquences; tâchez de la corriger, et, si vous y parvenez, vous lui rendrez à coup sûr un très-grand service, car c'est une des choses qui nuisent le plus à une jeune personne.

---

1. *Révélation*, action de révéler, de faire savoir une chose qui était inconnue et secrète.
2. *Harmonie*, concorde, bonne intelligence entre des personnes.

40. — Le curieux.

« Ma chère amie, disait M. Raymon à sa femme, Urbain continue d'écouter aux portes, quoique je l'en aie grondé. Pourtant je serais désolé qu'il devînt curieux ; c'est un trop vilain défaut. Nous avons besoin de lui donner une bonne leçon. Voici ce qu'il faut faire. La journée promet d'être belle, et les enfants n'ont pas classe. Nous les conduirons avec leurs amis à la prairie, où ils mangeront sur l'herbe des gâteaux et du lait, après avoir joué dans l'allée de platanes. Mais Urbain n'y sera pas : un quart d'heure avant le départ, je l'enverrai faire une commission, et, quand il viendra, il nous trouvera tous partis. Tu iras toi-même inviter tes neveux et tes nièces, et tu leur recommanderas de venir ici à trois heures précises. De mon côté, je préviendrai Alfred et sa sœur.

— Bien, bien, dit Urbain, qui, l'oreille à la serrure, avait tout entendu ; on veut me faire manquer la collation ; mais je quitterai la maison avant deux heures et demie, et, quand on arrivera à la prairie, on m'y trouvera rendu le premier : on sera bien attrapé. »

En effet, deux heures étaient à peine sonnées que le petit curieux s'éloigna furtivement[1] de la maison, traversa le jardin, et, par la petite porte, qui se trouva ouverte comme par hasard, il gagna la campagne. Il n'était pourtant pas bien à son aise, car il sentait qu'il faisait mal, sans trop bien comprendre toute l'étendue de sa faute ; mais la crainte de manquer une partie de plaisir imposa silence à sa conscience. Il gagna la prairie, s'y promena dans tous les sens, alla à un moulin situé dans le voisinage, et revint sous les grands arbres sans voir venir personne. « Je me serai sans doute trompé, pensa-t-il, c'est à quatre heures qu'on doit venir, et non à trois. Attendons encore. » Il attendit, mais inutilement, jusqu'à ce qu'enfin, perdant patience, il reprit tristement le chemin de la maison.

Comme il approchait, il entendit des cris joyeux qui partaient du jardin, et qu'il eut bientôt reconnus. Oh! alors le cœur lui battit bien fort! Il ouvrit timidement la petite

---

1. A la dérobée, en cachette.

porte par où il s'était échappé ; il espérait ne pas être aperçu ; mais une de ses sœurs vint à lui.

« Où étais-tu donc, mon pauvre Urbain? dit-elle. Papa nous a causé une grande surprise : il avait, sans nous rien dire, invité nos amis, et nous avons trouvé un délicieux goûter dans la salle à manger. Pourquoi n'étais-tu pas là pour en prendre ta part?

— Parce que je n'avais pas faim, répondit le petit garçon en s'éloignant plein de dépit. »

Plus loin, il trouva son papa, qui lui dit d'un ton sévère : « D'où venez-vous, Urbain? vous êtes sorti sans ma permission ; ne vous l'ai-je pas toujours défendu? Parlez, je veux savoir la vérité. »

Le coupable voulait d'abord user de détours ; mais il sentit que ce serait aggraver ses torts ; et il se décida à tout avouer, promettant bien de ne plus écouter aux portes.

« Je crois à la sincérité de ton repentir, reprit M. Raymon, mais je ne puis te faire goûter, il ne reste rien de ce qu'on a servi ; voilà même tes cousins et tes cousines qui viennent nous dire adieu : tu goûteras et tu joueras une autre fois. »

41. — Paresse.

J'ai connu autrefois un petit garçon nommé Arsène, qui était si paresseux, si paresseux, qu'à l'âge de dix ans il en était encore à l'alphabet. Son père avait toutes les peines du monde à le faire aller à l'école, et n'avait pu obtenir de lui qu'il allât ailleurs que chez une vieille femme du voisinage, la mère Babet, qui eût été fort en peine de lui enseigner autre chose que la lecture. Encore si Arsène eût voulu l'apprendre ; mais il lui passait mille fantaisies par la tête ; quand il n'avait pas envie de lire sa leçon, il voulait une toupie, un cerceau, un diable[1], ou il menaçait de faire l'école buissonnière[2], ce qui ne lui arrivait que trop souvent, car il eût été difficile de satisfaire tous ses caprices.

Un jour, il signifia à ses parents qu'il voulait qu'on lui achetât un petit ânon, sans quoi il ne mettrait plus le pied chez la mère Babet. On rit d'abord de cette idée, mais l'enfant se montra si entêté, qu'on crut de-

---

1. Sorte de double toupie que l'on fait tourner rapidement sur une corde attachée à deux baguettes, et qui ronfle avec bruit.
2. C'est-à-dire, de *manquer d'aller en classe*.

voir céder. Alors vous l'eussiez vu, le grand benêt, à califourchon sur son âne, prendre le chemin le plus long pour se rendre à l'école, et revenir quelques instants après, aussi savant que la bête qui lui servait de monture.

Cependant les mois, les années même s'écoulaient, et Arsène n'apprenait rien. Par bonheur, il eut occasion de faire connaissance avec d'autres enfants plus laborieux que lui et qui fréquentaient très-assidûment les meilleures écoles de l'endroit. Un jour que son père et sa mère étaient absents, il reçut une petite lettre qu'il s'empressa de porter à sa bonne pour en savoir le contenu; mais elle ne savait pas lire. Il se serait bien adressé à un voisin, mais il aurait eu honte d'avouer son ignorance. Force lui fut donc d'attendre le retour de ses parents. Hélas! ils rentrèrent trop tard, car il était cinq heures, et la lettre contenait ce qui suit :

« Mon cher Arsène,

« J'ai récité ce matin trois fables à bon « papa, et je lui ai montré une page que j'a-« vais faite pour lui. Il m'aime beaucoup ce

« cher grand-père ; cette prévenance lui a
« fait tant de plaisir, qu'il m'a invité à ve-
« nir passer l'après-midi chez lui avec quel-
« ques-uns de mes camarades. Nous aurons
« une collation où nous trouverons certaine-
« ment en abondance : gâteaux, confitures,
« oranges, etc., etc. C'est ainsi que bon papa
« fait toujours. J'espère que tu en viendras
« manger ta part. J'écris pareillement à Jules,
« à Baptiste, à Édouard et à quelques autres,
« que je les attends à la maison avec toi à
« deux heures. A bientôt ! « FERDINAND. »

La lecture de cette lettre était à peine terminée, qu'Arsène se mit à pleurer et à san-
gloter, car s'il n'aimait pas l'école, en revanche il aimait beaucoup les friandises.

« Tu vois, mon fils, lui dit son père, ce
que tu gagnes à être paresseux? Si tu avais
su lire, tu aurais passé l'après-midi avec tes
petits amis, qui ont dû bien s'amuser et qui
peut-être jouent encore. Et ce ne sera pas
sans doute la dernière fois que pareille chose
t'arrivera.

— Oh ! si, papa, ce sera bien la première
et la dernière, dit l'enfant en essuyant ses
larmes; je veux aller à l'école avec Ferdi-

nand, et je te promets que je saurai bientôt lire et écrire. »

Il tint parole. Quatre mois après, il lisait déjà couramment, et, un an plus tard, il pouvait à son tour écrire à son grand-papa.

42. — La foire de Charost.

Ernest se faisait depuis longtemps une fête d'aller à la foire de Charost. Son père lui avait promis de l'y conduire, et l'enfant s'en promettait tant de plaisir, qu'il n'en dormait plus. Enfin le jour tant désiré arriva. Mais, au moment de partir, un incident vint déranger la partie projetée. M. Blanchard fut obligé de rester chez lui pour des affaires importantes qui ne permettaient pas de délai. Ernest était désolé, inconsolable; il aurait voulu que son papa laissât là les affaires, qui, selon lui, pouvaient bien se remettre après la foire de Charost. Une idée vint lui traverser l'esprit, et il s'y arrêta aussitôt.

« Si je partais tout seul? se dit-il. J'ai bien déjeuné, j'ai de l'argent dans ma poche, et je suis bien assez grand pour faire le voyage à pied. »

Son parti pris, il épia le moment où l'on était occupé, et se mit en route. Il n'avait guère qu'une lieue à faire ; aussi arriva-t-il à la foire sans trop de fatigue. Les boutiques des marchands de joujoux, de gâteaux et de friandises eurent ses premières visites. Tout lui faisait envie; et, comme il avait dix sous dans sa poche, il se figurait pouvoir tout acheter. Enchanté, il continua sa promenade, et rit beaucoup des singeries que faisaient les paillasses à la porte des saltimbanques. Il revint ensuite aux premières boutiques, et, quoiqu'il eût faim, il s'arrêta devant celle d'un bimbelotier, où se trouvait étalé un superbe polichinelle bien fait pour tenter les petits garçons.

« Voulez-vous mettre à la loterie? lui dit le marchand. Pour deux sous vous pouvez gagner ce beau polichinelle. »

Ernest, croyant qu'il n'y avait qu'à mettre la main dans le sac pour gagner, lui donna deux sous; mais il tira un billet blanc.

« Le sort ne vous a pas favorisé, lui dit le bimbelotier; recommencez, vous serez peut-être plus heureux. »

L'enfant recommença une, deux, trois, quatre fois, si bien que sa dernière pièce de deux sous y passa; mais de polichinelle point; il tira constamment des billets blancs.

Désolé d'avoir perdu tout son argent, il s'éloigna, non sans jeter sur l'étalage des marchands de gâteaux un coup d'œil d'autant plus piteux qu'il avait grand'faim et que sa bourse était vide. Il chercha à se distraire, et se dirigea vers un groupe de curieux qui se formait autour d'un bateleur; mais il y vint tant de monde, qu'il faillit être étouffé, et qu'il eut beaucoup de peine à sortir de cette cohue. Il prit alors le parti de quitter la foire et de regagner la demeure de ses parents.

Il avait fait tout le jour une chaleur étouffante, et l'on craignait un orage. Le ciel, en effet, se couvrit peu à peu de nuages; le tonnerre se fit entendre, et la pluie tomba bientôt avec une telle abondance, qu'en certains endroits la route était impraticable, et que les fossés qui la bordaient étaient pleins jusqu'aux bords.

Ernest était en chemin. Il s'était réfugié sous un arbre, où il attendait, non sans être mouillé, que l'orage cessât.

Enfin, après deux heures d'un temps affreux, le ciel reprit sa sérénité. Notre petit coureur quitta son abri et se remit en marche. Mais, au bout d'un quart d'heure, en tournant à un angle du chemin, il se trouva vis-à-vis d'un troupeau de cochons. Il avait peur de ces animaux sans trop savoir pourquoi. Pour les éviter, il courut à toutes jambes vers un champ voisin de la route, et son trouble était si grand, qu'en voulant franchir le fossé, il tomba dedans et s'enfonça dans l'eau et la boue jusqu'à la ceinture. Ce ne fut même pas sans peine qu'il en sortit.

Comment faire dans un pareil état? Il résolut de gagner une ferme voisine pour sécher ses vêtements et se réchauffer. Hélas! nouveau malheur! Les paysans étaient à la foire, et la maison était gardée par un gros chien qui courut sur l'enfant, le mordit et déchira son pantalon. Vous eussiez eu pitié des cris qu'Ernest faisait entendre en regagnant la route.

Mais il avait été assez puni. Un jardinier de son village vint enfin à passer par là, et le fit monter dans sa charrette.

Une demi-heure après, Ernest était chez ses parents, à qui il demandait pardon de sa faute. Il avait tant souffert, qu'on n'eut pas la force de le gronder. Mais il n'oublia jamais son voyage à Charost, et se garda bien de sortir une autre fois sans ses parents.

---

43. — Voulez-vous être un bon élève?

Mon enfant, voulez-vous être un bon élève?

Le matin avant de vous rendre à l'école, ayez soin de vous peigner, de brosser vos habits, vos chaussures, de vous laver la figure et les mains; ou, si vous n'êtes pas encore assez grand, priez votre maman de vous nettoyer elle-même, afin que votre instituteur, en faisant l'inspection, n'ait aucun reproche à vous faire sur votre propreté.

Rendez-vous en classe un instant avant l'heure et sans vous amuser en chemin.

Une fois entré, écoutez la prière avec recueillement, élevez votre âme à Dieu, priez-le de soutenir vos efforts et de bénir vos études.

En vous montrant soumis et respectueux envers votre instituteur, vous remplirez un des premiers de vos devoirs; car il prend soin de votre enfance, il travaille à orner votre esprit, à former votre cœur, et c'est lui qui, après votre père et votre mère, a le plus de droits à votre reconnaissance et à votre affection.

Vous savez qu'on doit faire son travail en silence et sans jouer avec ses voisins; en écoutant sans distraction la leçon qu'on vous fait, vous la comprendrez mieux, et elle sera d'autant plus aisée à retenir.

Que vous soyez aux tables ou aux groupes, ayez toujours une tenue convenable : ne vous barbouillez ni les mains, ni le visage avec de l'encre; tenez proprement et avec ordre vos livres et vos cahiers; ne vous appuyez pas sur les murs; vos vêtements se saliraient et s'useraient, et vos parents ne peuvent pas vous en acheter tous les jours.

Il importe aussi que vous veilliez sur vous pendant la récréation. Que d'enfants qui se traînent dans la poussière, dans la boue même! Combien d'autres qui se querellent, qui prononcent des paroles déshonnêtes, et qui vont jusqu'à jurer le saint nom de Dieu! Oh! gardez-vous de les imiter! Le Seigneur veille sur vos jeux, comme sur votre travail; rien ne lui échappe, songez-y bien : il entend tout ce que vous dites, voit tout ce que vous faites, et lit même jusqu'au fond de votre pensée.

Soyez bon et indulgent pour les autres, et n'allez point rapporter au maître les fautes qu'ils commettent devant vous; les rapporteurs sont toujours haïs de leurs camarades. Si quelqu'un vous frappe, ne lui rendez pas ses coups, surtout s'il est plus faible que vous; dans tous les cas, il vaut mieux se plaindre que de se faire justice soi-même.

Quand vous rentrez chez vos parents, après la classe, n'allez point jeter des pierres dans les rues, crier contre les passants, vous battre comme font les polissons; hâtez-vous d'arriver à votre maison; montrez que vous savez profiter des bons avis de votre maître.

Si vous avez emporté du travail pour le lendemain, faites-le consciencieusement le soir même, s'il est possible; vous en dormirez mieux la nuit, et vous respirerez plus à l'aise en allant à l'école le jour suivant.

C'est en mettant à profit ces conseils que vous deviendrez un bon élève; et les bons élèves sont aimés de leurs condisciples et de leurs maîtres, chéris de leurs parents, et bénis de Dieu.

44. — Le père et ses trois fils.

« Mes enfants, disait un jour un père à ses trois petits garçons, nous allons faire aujourd'hui une assez longue promenade dans la campagne; vous ferez bien d'emporter des fruits pour votre goûter. Entrons dans le verger, et cueillez-en vous-mêmes. Tenez, prenez ceux-ci de préférence; ils n'ont pas fort bonne mine, mais vous verrez qu'ils n'en sont pas moins fort agréables au goût. »

L'arbre désigné par le père n'était pas de ceux qui croissent naturellement dans nos climats; les enfants mêmes n'y avaient jamais fait attention. Il était hérissé de piquants, et ses fruits, enfermés dans une espèce de brou ou de bogue, n'avaient rien de bien séduisant. Malgré cela, l'aîné se met à en cueillir : son père l'avait conseillé; il n'en fallait pas davantage.

Le cadet, qui craignait la fatigue et qui frissonnait à la vue des épines, avait l'air de se donner beaucoup de mouvement et de tirer fortement à lui les branches; mais, dès qu'il croyait n'être pas vu de son père, il les lâchait aussitôt avec humeur.

Le dernier, moins paresseux, mais non

moins étourdi, cueillait des fruits, il est vrai, mais ils ne pouvaient tenir dans sa poche, déjà remplie de jouets, et ils tombaient à mesure pour la plupart.

Le signal du départ fut donné, et au bout de deux ou trois heures de marche, le père, pensant avec raison que ses fils goûteraient volontiers, prit un de ces fruits et leur montra comment il fallait le dépouiller de son épaisse enveloppe et l'ouvrir pour le manger.

L'aîné se hâta de l'imiter, et s'étonna fort de trouver sous une pareille enveloppe une grosse amande remplie d'une substance laiteuse d'un goût exquis. Il fit une excellente collation, dont il devait se souvenir longtemps, disait-il.

Le plus jeune dit aussi qu'il n'avait jamais rien mangé de meilleur; il regretta seulement de n'avoir pas pris assez de soin des fruits qu'il avait cueillis, tandis qu'il s'était embarrassé de jouets dont il n'avait que faire.

Quant au cadet qui, plus que les autres, peut-être, se sentait l'estomac vide, il était fort mécontent de lui-même et faisait piteuse figure.

« Mange donc, lui dit son père; qu'attends-tu ? Ne veux-tu pas goûter?

— Moi, papa? Si fait; c'est-à-dire, non; il me semble que je n'ai pas faim..., au contraire..., j'attendrai bien jusqu'à dîner, je l'aime mieux, je crois.

— Attends donc si cela te fait plaisir, » reprit en souriant le père, qui se doutait de la vérité.

Cependant l'heure du dîner arriva, et le petit garçon voulut en vain cacher sa sottise, il n'y avait pas à reculer.

« Goûte donc enfin aux fruits dont tu as rempli tes poches, lui dit-on. »

Il fit mine de se fouiller.

« Tiens! dit-il, fort embarrassé de sa personne, je ne sais comment cela s'est fait, mais j'aurai oublié d'en cueillir! mes poches sont... vides. »

A ces mots, chacun partit d'un grand éclat de rire, que la confusion et les larmes du petit bonhomme eurent beaucoup de peine à apaiser.

Vous riez aussi, mes amis, et vous dites : Nous n'aurions pas été aussi sots! Cela est possible, et pourtant il arrive tous les jours à quelques-uns d'entre vous d'être aussi peu raisonnables. Vous allez le comprendre.

L'étude, mes enfants, est comme un arbre

précieux dont les fruits sont exquis, mais difficiles à détacher de la branche. Les écoliers laborieux en font une abondante récolte dont ils comprendront encore mieux l'utilité en grandissant; mais les étourdis, les paresseux n'y songent guère... Vous savez bien comment on fait quand on se soucie peu de l'étude et qu'on prête l'oreille à la paresse. On apprend ses leçons sans chercher à les comprendre, et on les oublie aussitôt; il n'en reste rien dans l'esprit. On feint d'écouter le maître, et l'on ne songe qu'au jeu; on laisse là son devoir, ou bien on le néglige; on se fait souffler les réponses par un camarade officieux, qui demandera à son tour le même service; on lit du coin de l'œil sur le livre ou le cahier de son voisin : et l'on se trouve tout heureux quand ces fautes passent inaperçues; on se regarde comme fort habile d'avoir mis en défaut la vigilance du maître, et même on s'en fait gloire le plus souvent.

Ne soyez point ainsi, mes chers petits enfants; faites toujours votre travail le plus consciencieusement possible. En croyant jouer un tour au maître, on s'en joue un à soi-même; on perd l'occasion de s'instruire; on refuse un bien qui ne se représentera plus, et l'on s'attire par cette conduite insensée le mépris qui s'attache à l'ignorance et flétrit le paresseux.

45. — L'instituteur et ses élèves.

Un digne instituteur aimait par-dessus tout à se voir entouré de ses meilleurs élèves, qui, de leur côté, regardaient comme la plus douce récompense de se trouver avec lui.

Il leur faisait faire d'agréables promenades dans la campagne, leur donnait quelques leçons d'agriculture, et leur enseignait les noms et les vertus des plantes les plus communes et les plus utiles. Ainsi, en présence de la nature, il savait profiter des excellentes occasions qui s'offraient à lui, pour leur parler de Dieu, de sa toute-puissance et de sa bonté infinie; et, par d'heureux rapprochements, par des comparaisons ingénieuses, il leur enseignait à devenir vertueux.

Un jour qu'ils étaient tous assis sur la lisière d'un bois, les élèves lui demandèrent comment on peut se défaire de ses mauvais penchants.

« Je vous le dirai volontiers, mes amis,

répondit-il ; toutefois, arrachez-moi auparavant les arbres que je vais vous indiquer. »

Et il leur en montra quatre d'âges et de grosseurs différentes.

Le plus jeune des enfants arracha d'une main le premier arbre, qui était fort petit, mais il eut plus de peine à déraciner le second, tout en y mettant les deux mains; deux écoliers suffirent à peine pour venir à bout du troisième ; enfin, le dernier, qui était le plus gros, résista aux efforts de tous les enfants réunis.

« Courage donc! leur dit l'instituteur, pourquoi celui-ci n'aurait-il pas le sort des autres?

— C'est qu'il est beaucoup trop gros, répondirent-ils; nous aurions beau faire, il tient au sol par des racines trop longues et trop nombreuses.

— Eh bien! mes amis, ajouta le maître, il en est de même de nos vices, Quand ils commencent à germer dans notre cœur, il est facile de les en arracher, pour peu qu'on veuille en prendre la peine; mais si nous les laissons pousser des racines trop profondes, nous essayerions en vain de nous en délivrer. Il faut donc, de bonne heure, veiller attentivement sur soi-même. Pour vous, mes enfants, il importe surtout que vous écoutiez avec déférence les sages avis de vos parents, de vos supérieurs, et que vous vous hâtiez de les mettre à profit le jour même, car qui sait s'il en serait encore temps le lendemain? »

---

46. — L'examen de conscience.

Mme Delorme. — Tu vas faire la prière, mon cher petit; n'oublie pas de revenir sur la manière dont tu as employé ta journée, et de demander à Dieu pardon de tes fautes.

Alban. — Oui, maman; mais je pourrais bien m'en dispenser, car j'ai été bien sage aujourd'hui.

Mme Delorme. — J'en suis charmée, mon ami; cependant tu l'as été peut-être un peu moins que tu ne penses.

Alban. — Comment donc, maman? Je ne vois réellement pas ce que j'ai fait de mal.

Mme Delorme. — Ni moi non plus. Toutefois, nous le chercherons ensemble, si tu le veux; il se peut que nous trouvions quelque chose.

Alban. — Volontiers, voyons un peu...

Je suis arrivé de bonne heure à l'école ce matin, et tout mon travail était fait. J'ai eu des bons points pour mes leçons et pour mes devoirs, et il en a été de même dans l'après-midi. Dans tout cela il n'y a rien à reprendre, je crois?

Mme Delorme. — Non, sans doute.

Alban. — N'oublions pas que j'ai été le premier à la composition d'orthographe. O maman, premier!... quel joli mot!... j'ai donc pu enfin me moquer d'Alfred qui n'a jamais été que cinquième ou sixième!

Mme Delorme. — Mon ami, voilà déjà un péché d'orgueil; nous ne devons pas oublier la modestie, même dans la joie du triomphe.

Alban. — C'est qu'aussi Alfred n'est pas bon camarade : il me taquine toujours; aujourd'hui même il m'a dit encore des choses désagréables. Aussi je me suis plaint, et je l'ai fait punir.

Mme Delorme. — Voilà encore qui est mal; tu as manqué de patience et de charité. Il faut savoir se supporter les uns les autres, et bien se garder d'aller rapporter.

Alban. — J'en conviens, mais aussi que n'est-il comme Henri? Voilà ce qui s'appelle un bon condisciple! Tantôt, je ne savais pas très-bien les dernières phrases de ma leçon d'histoire de France; il a eu l'obligeance de m'en souffler une partie et de me faire lire les dates qu'il avait écrites dans sa main; de sorte que j'ai eu deux bons points pour un.

Mme Delorme. — Henri t'a rendu là un fort mauvais office.

Alban. — En quoi donc, maman?

Mme Delorme. — Il t'a aidé à tromper M. Dulac, à lui mentir; car c'est mentir que de faire croire que l'on sait parfaitement une leçon qu'on n'a pas suffisamment apprise.

Alban. — C'est que, maman, cette fin était fort difficile, et j'y aurais, je crois, passé toute ma récréation que je ne l'aurais jamais bien sue.

Mme Delorme. — J'en suis fâchée, mon cher Alban; mais tu as cédé là à un petit mouvement de paresse, et tu as commis un nouveau péché.

Alban. — C'est vrai; mais Dieu me pardonnera, j'espère, en faveur de l'empressement avec lequel je suis venu t'annoncer que j'étais premier.

Mme Delorme. — Cette nouvelle m'a, en effet, causé un bien grand plaisir, et je ne comprenais pas comment tu avais pu arriver si tôt.

Alban. — O maman! j'étais si content! si heureux!... Vois-tu? à peine étions-nous sortis de classe, qu'au détour d'une rue, j'ai laissé là tous mes camarades, et zest! j'ai pris ma course pour être plus tôt ici.

Mme Delorme. — C'est bien; mais étais-tu d'abord en rang avec tes camarades?

Alban. — Oui, maman, comme toujours.

Mme Delorme. — Et le moniteur?...

Alban. — Le moniteur? je ne crois pas qu'il m'ait vu.

Mme Delorme. — C'est égal, tu as commis une désobéissance et conséquemment un nouveau péché. Puis, s'il t'a vu, il se plaindra demain...

Alban. — Oui, j'y ai bien songé; mais je lui donnerai une pomme ou quelques billes avant d'entrer en classe, il en sera enchanté, et j'espère qu'il se taira là-dessus.

Mme Delorme. — O mon ami! que dis-tu là? Cette pensée est bien coupable! Quoi! tu veux corrompre ton camarade et le mettre dans le cas de manquer à un devoir, de tromper la confiance de M. Dulac!...

Alban. — Maman! maman! puisque c'est

si mal, je me garderai bien de le faire, je te le promets!...

Mme Delorme. — A la bonne heure! n'en parlons plus.

Mon cher enfant nous avons achevé notre petit examen de conscience, du moins je ne crois pas nécessaire de le pousser plus loin. Dis-moi maintenant si tu es toujours aussi content de toi?...

Alban. — Oh! non, maman, non! c'est trop de péchés pour une bonne journée; j'en suis réellement confus!

Mme Delorme. — A l'avenir, mon cher petit enfant, ne sois donc plus si indulgent pour toi; repasse bien en toi-même tes pensées et tes actions de la journée; ne t'aveugle pas sur ce qu'elles peuvent avoir de blâmable, on y est trop naturellement porté, demandes-en pardon à Dieu en lui offrant ton repentir, et prie-le de te donner la force de ne plus retomber en faute : il jettera sur toi un regard de bonté; sa paix descendra dans ton âme, et les anges viendront protéger ton sommeil.

47. — Suffisance.

Vous me demandez, mes enfants, ce que c'est que la suffisance? C'est un défaut très-fâcheux, qui naît de l'orgueil et d'un excessif amour-propre, et dont je ne saurais, je crois, vous donner une meilleure idée qu'en vous en citant un exemple:

J'ai connu, il y a bien longtemps, un petit garçon nommé Fernand, et qui n'était pas sans intelligence. Mais, par malheur, il avait une si haute opinion de lui-même, qu'il se regardait comme infiniment supérieur à tous ses condisciples, même aux premiers de sa classe, bien qu'il ne lui arrivât guère de s'asseoir, comme eux, au banc d'honneur. Il ne croyait pas avoir besoin d'écouter son professeur, ni d'apprendre ses leçons : il savait ou devinait tout, comme s'il eût eu la science infuse[1]. Toujours prêt à décider sur tout, il se posait en homme d'importance et parlait à tort et à travers, le plus souvent de ce qu'il n'entendait pas.

Fort content de lui-même, il ne l'était

---

1. *Avoir la science infuse*, être savant sans avoir étudié. — Se dit par ironie.

guère des autres, qui, selon lui, ne rendaient pas assez justice à son mérite.

Voilà des idées bien ridicules, n'est-il pas vrai, mes amis? Elles ne siéent à personne, et moins encore à un enfant qu'à tout autre; aussi faisaient-elles doublement tort à Fernand. Elles nuisaient à ses progrès, qui n'allaient qu'avec une lenteur extrême; et elles donnaient à tout le monde la plus mauvaise opinion de son esprit.

Le défaut que l'on regrettait chez cet enfant et qui l'a empêché de faire autre chose qu'un sujet fort médiocre, est ce qu'on nomme la suffisance. J'espère, mes bons amis, que vous aurez grand soin de vous garantir d'un pareil travers d'esprit. Vous y parviendrez sûrement en songeant combien est bornée l'instruction d'un enfant, quels que soient d'ailleurs son intelligence et son amour pour le travail; et en pensant surtout que ce défaut est un de ceux que la religion condamne le plus sévèrement, comme contraires à l'humilité chrétienne.

48. — La bourse de perles.

L'INSTITUTRICE. — Mesdemoiselles, plusieurs dames de la ville ont eu l'heureuse idée de faire vendre, au profit des pauvres, une foule de petits objets qu'elles font elles-mêmes. Je pense que vous voudrez vous associer à cette bonne œuvre et donner aussi quelque chose pour la vente, qui aura lieu dans un mois? L'aumône qu'on fait de son travail est la plus agréable à Dieu.

CLARA. — Madame, vous nous trouverez toujours toutes prêtes, mes condisciples et moi, à nous conformer à vos désirs. Comme vous savez les ouvrages où nous réussissons le mieux, je crois qu'il serait convenable, dans l'intérêt de la vente comme dans celui du pensionnat, de nous donner vous-même à chacune notre tâche.

L'INSTITUTRICE. — Ce que vous dites là, ma chère Clara, est très-sensé; je suis heureuse de vous entendre parler ainsi. Distribuons donc le travail selon l'habileté de chacune. Et d'abord, vous, Clara, vous broderez un mouchoir de batiste, et votre cousine Esther, un dessus de tabouret; Berthe et sa sœur feront une paire de pantoufles; Marie, des porte-montre ; Louise, des manchettes au crochet; Alphonsine, un col en filet; Élisa, un bouquet de fleurs artificielles, et Fanny tricotera un sac.

Agathe. — Et moi, madame, ne pourrais-je pas faire une bourse de perles comme celle de Clara ?

L'Institutrice. — Ma chère amie, je crains que ce ne soit trop au-dessus de vos forces. Il vaudrait mieux, selon moi, attendre à l'an prochain pour être en état d'offrir à ces dames quelque chose de plus présentable.

Agathe, *d'un ton piqué*. — Je vous assure, madame, que je puis bien tricoter une pareille bourse ; ce n'est pas si difficile.

L'Institutrice. — Mon enfant, comme vous voudrez.

Après que tout fut ainsi réglé, les charmantes enfants se mirent à travailler pour les pauvres avec une ardeur sans égale, et un mois après, madame Deschamps jetait un dernier coup d'œil sur les ouvrages, pour voir s'il n'y manquait rien. Elle avait lieu d'être flattée de l'adresse et de l'activité dont ses élèves avaient fait preuve. Cependant elle trouva, comme elle ne l'avait que trop prévu, que la bourse de perles n'était pas merveilleuse, et elle conseillait à Agathe de la garder. Mais l'enfant, qui avait travaillé par vanité plutôt que dans un but charitable, n'était pas de cet avis : sa bourse, malgré ses nombreux défauts, lui semblait un petit chef-d'œuvre, et valait, à ses yeux, tout ce qui était sorti des mains de ses condisciples. La maîtresse ne crut pas pouvoir la refuser.

Le tribut des jeunes filles fut porté aux dames de charité, qui le reçurent avec une vive satisfaction, et qui adressèrent à madame Deschamps et à ses élèves des éloges bien mérités.

Deux jours après, Agathe entrait dans le magasin où l'on s'était chargé de la vente au profit des pauvres. Je veux voir, pensait-elle, si l'on aura estimé mon ouvrage ce qu'il vaut ; je ne doute pas que là, où je ne suis pas connue, on ne me rende plus de justice qu'au pensionnat.

« Madame, dit-elle à la marchande, quel est le prix de ces pantoufles?

La marchande. — Dix francs, mademoiselle.

Agathe. — Comment, madame, dix francs? c'est bien cher!

La marchande. — Mademoiselle, c'est au plus juste.

Agathe. — Et ce mouchoir brodé?

La marchande. — Vingt francs.

Agathe. — Oh! madame, vous n'y pensez pas! ce travail...

La marchande. — Ce travail, mademoiselle, ne laisse rien à désirer; vous ne trouverez rien de mieux brodé.

Agathe. — Mais alors, cette jolie petite bourse de perles?

La marchande. — Oh! ceci est différent; l'objet est de mince valeur, je pourrais le donner pour cinquante centimes. »

Agathe était loin de s'attendre à ce langage désespérant. Le rouge lui monta au visage; elle était sur le point de perdre contenance. Pour ne pas se trahir, elle salua vite la marchande, et se retira toute confuse et pleurant de dépit.

On dit que, depuis lors, Agathe n'eut plus aussi bonne opinion de son talent, et rendit elle-même plus de justice à celui des autres.

49. — Laissez venir à moi les petits enfants.

Vous êtes chrétiens, mes enfants; bénissez toute votre vie le jour où vous avez reçu le baptême. La religion vous a pris sous sa sainte protection. Elle est pleine de sollicitude pour vous. Grâces à elle, grâces à Notre-Seigneur Jésus-Christ, vos parents vous aiment d'une affection, d'une tendresse sans bornes; vos mères donneraient leur vie pour conserver la vôtre.

Savez-vous, mes amis, que les enfants n'étaient pas aussi heureux autrefois? Il fut un temps où, dans certains pays, on les traitait sans pitié. Dans une ville bien éloignée d'ici et dont on aperçoit à peine des traces aujourd'hui, à Sparte, ceux qui naissaient contrefaits étaient aussitôt mis à mort. Cet usage barbare existait aussi chez les Romains [1], dont vous avez peut-être entendu prononcer le nom. Ceux-ci allaient plus loin; ils conservaient le droit de vie et de mort sur les enfants qu'ils élevaient; ce qui signifie qu'ils

---

1. Il existe encore en Chine, où il se conservera sans doute jusqu'à ce que le Christianisme ait fait sentir dans ce pays sa divine influence.

pouvaient les faire mourir à volonté. Il leur était permis aussi de les vendre comme esclaves. Or on entendait par esclave celui qu'un maître pouvait traiter comme on fait d'un bœuf, d'une bête de somme, qu'on force à travailler, qu'on nourrit comme on veut, qu'on harcèle de coups parfois, et qu'on peut tuer impunément.

Ces hommes-là, mes enfants, ne connaissaient pas le vrai Dieu : ils adoraient des statues qu'ils avaient faites de leurs propres mains, et que, dans leur folie, ils regardaient comme des divinités. Et ces idoles de bois, de marbre ou de bronze, ne pouvaient pas leur donner des sentiments qu'elles n'avaient pas elles-mêmes.

Il y eut cependant des peuples plus barbares encore. On en a vu qui sacrifiaient des enfants à leurs idoles [1]. Ils les brûlaient quelquefois par centaines, soit en les jetant dans un brasier ardent, soit en les enfermant dans une statue enflammée. Les malheureuses victimes poussaient des cris déchirants; mais, pour ne pas les entendre, on faisait retentir le bruit des tambours et des trompettes. Le

---

1. Les Carthaginois, les Phéniciens, etc.

croiriez-vous, mes amis ? les mères assistaient à cet affreux spectacle sans pousser un gémissement, sans verser une larme!...

Mais le Seigneur eut enfin pitié des enfants. Quand Jésus-Christ vint sur la terre pour nous sauver du péché, il s'occupa de vous, mes amis.

« Un jour, dit l'Évangile, on lui présenta des petits enfants afin qu'il les touchât ; et comme ses disciples repoussaient avec des paroles dures ceux qui les lui présentaient, Jésus le voyant s'en fâcha et leur dit : Laissez venir à moi les petits enfants et ne les en empêchez point, car le royaume des cieux est à ceux qui leur ressemblent.

« Et les ayant embrassés, il leur imposa les mains et les bénit. »

Cette bénédiction devait vous porter bonheur, mes amis, et vous protéger contre ceux qui auraient pu songer à lever sur vous une main cruelle. Aussi, depuis lors surtout, les hommes, revenus à de meilleurs sentiments, ont pris pitié de votre faiblesse, s'y sont intéressés, et vous voyez qu'on vous traite comme des enfants adoptés par le divin Sauveur.

Aimez-le donc, ce Jésus si bon, si compatissant; aimez-le comme un père, comme un ami; gardez toujours dans le fond de votre cœur le souvenir de ce qu'il a fait pour vous. Priez-le d'avoir sans cesse les yeux sur votre jeunesse; il aime la prière de l'enfance, car il a été enfant lui-même, et il affermira vos pas dans la voie de la religion et de la vertu.

---

50. — Soyez contents de votre sort.

Depuis que tu vas jouer dans le jardin du château avec les enfants de M. de Saint-Cyr, tu deviens de jour en jour plus difficile, mon cher Francis. Tu ne trouves plus tes habits assez fins, ton goûter assez délicat. Mais tes vêtements épais ne te protégent-ils pas mieux contre l'air vif de nos montagnes? Puis, si ton goûter n'est pas bien friand, qu'est-ce que cela fait? en es-tu plus malade? le manges-tu avec moins d'appétit? Non, certainement, je ne m'en suis jamais aperçu.

Tu te plains aussi d'avoir à aider ton père de temps en temps, et à conduire la vache et la chèvre au pâturage, quand d'autres ne songent qu'à s'amuser. Mais ne dois-tu pas te trouver bien heureux de travailler un peu avec tes parents, de leur être utile, quand ils font tant pour toi? D'ailleurs, tes courses dans la campagne sont si favorables à ta santé et au développement de tes forces, que quand tu luttes avec Jules et Auguste, tu as toujours l'avantage sur eux, quoiqu'ils soient plus âgés que toi. Ne te plains donc pas, mon enfant. Regarde plutôt ce petit ramoneur qui paraît transi et qui demande de l'ouvrage. Sais-tu d'où il vient, quelle vie dure il mène? Je vais te le dire.

Ce pauvre petit a quitté son père et sa mère qui demeurent bien loin, bien loin d'ici, à plus de cent lieues, et dans un pays couvert de neige la plus grande partie de l'année. Il a suivi à pied l'homme que tu vois devant lui, et qui est son maître; il a marché pendant plus de vingt jours. Que de fois le pauvre enfant s'est arrêté en chemin, excédé de lassitude et mourant de faim! mais son maître n'avait pas toujours du pain à lui donner; il fallait souvent en mendier sur la route. Et le soir, après une journée de fatigue, le ramoneur ne dormait pas comme toi, dans un lit : il couchait sur le foin ou sur la paille, dans les fermes où l'on voulait bien le recueillir.

Aujourd'hui, il n'est guère mieux nourri ni mieux couché. Il faut qu'il monte dans les cheminées sans échelle et en s'aidant de ses genoux, de son dos et de ses coudes, et qu'il détache la suie du mur avec le racloir qu'il porte suspendu à sa ceinture de cuir.

Oh! si tu le voyais quand il a fini sa besogne, comme il est noir! Combien la poussière lui a fatigué les yeux! Tu serais ému de compassion.

Il a beaucoup de peine et il gagne peu; encore les quelques sous qui lui reviennent sont-ils pour son maître.

Eh bien! tu le crois très-malheureux, et, à la vérité, il grelotte de froid; je suis sûr même qu'il n'a pas encore déjeuné; mais qu'on lui donne un petit morceau de pain, il se mettra à danser en chantant un air de son pays et sans faire attention si son pain est blanc ou noir, dur ou tendre.

Le pauvre petit! pourquoi donc ne se plaint-il pas?

C'est que, lorsqu'il a quitté ses parents, sa mère lui a dit en le serrant dans ses bras : Mon cher enfant, tu vas partir! Quand tu seras loin de nous, travaille avec ardeur, pense souvent à ton père, à moi, et surtout fais bien ta prière matin et soir, le bon Dieu ne t'abandonnera pas, et, au retour de la belle saison, tu reviendras auprès de nous dans nos chères montagnes.

Et l'enfant n'a pas oublié les conseils de sa mère : il travaille, il prie, il pense au pays, à ses parents qu'il aime, au temps où il les reverra, et il est content.

Eh bien ! Francis, toi qui vois ton père et ta mère tous les jours et qui n'as qu'à leur demander du pain pour en avoir; toi qui couches dans un bon lit et qui as du linge et des vêtements propres, te trouves-tu à présent si malheureux? Non, je pense. Sois donc plus raisonnable, mon enfant; n'envie pas le sort des gens que la fortune a favorisés; regarde plutôt ceux qui sont au-dessous de toi, et tu remercieras le ciel de t'avoir donné pour père un bon cultivateur.

---

51. — La Poule et ses poussins.

L'ENFANT. — Maman ! maman ! viens voir la poule blanche dans la basse-cour. Elle a enfin quitté son nid; la voilà qui se promène avec ses petits nouvellement éclos.

La mère. — La pauvre Blanche! il y a bien longtemps qu'elle n'était sortie; c'est à peine si elle quittait ses œufs pour prendre un peu de nourriture. Aussi se ressent-elle des soins qu'elle a donnés à sa couvée : ses plumes hérissées sont loin d'avoir la même blancheur qu'auparavant, et je suis sûre qu'elle est maigre à faire peur.

L'enfant. — C'est bien possible; mais je crois qu'il n'y paraîtra plus dans quelques jours.

La mère. — Dans quelques jours? Tu crois?

L'enfant. — Oui, maman; que lui reste-t-il à faire?

La mère. — Sa tâche est loin d'être terminée. Ses poussins mangent seuls, il est vrai; mais il faut qu'elle leur cherche de la nourriture. Puis ils sont bien petits : leur corps est à peine couvert d'un léger duvet; ils souffriraient certainement du froid pendant la nuit; qui donc les réchaufferait?

L'enfant. — Ah! maman! la voilà qui écarte ses ailes, qui s'agite, qui crie d'une manière étrange! Qu'a-t-elle donc? On dirait qu'elle a peur de Médor. Tiens! elle se jette sur lui avec colère, et lui donne de grands coups de bec, elle qui le fuyait autrefois dès qu'elle le voyait paraître... La folle! d'un coup de sa grosse patte le bon dogue l'écraserait!

La mère. — C'est qu'elle tremble pour ses poussins, et la peur lui donne du courage; elle ne reculerait devant aucun danger pour les défendre.

L'enfant. — Oh! je vois que Blanche est une bonne mère, et que ses petits sont bien heureux de l'avoir.

La mère. — Et qui donc la leur a donnée?

L'enfant. — Celui qui m'a donné la mienne, ma chère maman, qui n'a pas pour moi moins de soins et d'amour. Il me semble que je sens plus que jamais le prix de tes bontés. Ah! comment pourrai-je m'en montrer digne?

La mère. — Comment? Tu vas le savoir. Dis-moi d'abord où sont les poussins.

L'enfant. — Vraiment, ils sont tous blottis sous les ailes de Blanche.

La mère. — Oui, mon enfant; il a suffi d'un cri de leur mère, tous sont accourus auprès d'elle. Imite-les, sois toujours docile à ma voix; c'est surtout par l'obéissance qu'un enfant se montre digne de la tendresse de ses parents.

52. — L'obéissance.

Quand on vous recommande l'obéissance, mes amis, n'allez pas la regarder comme une chose qui n'est exigée que des petits enfants ; vous seriez dans une grave erreur. L'obéissance est un devoir pour tous ; nul n'en est exempt :

Le serviteur obéit à son maître.

L'ouvrier obéit à son patron, qui se conforme lui-même à la volonté de ceux qui le font travailler.

Le soldat est soumis à des chefs qui relèvent[1] à leur tour d'autres chefs plus haut placés. — Et il en est de même des personnes chargées de vous élever, de vous instruire.

Les ministres de la religion ne se bornent pas à nous prêcher l'obéissance, ils sont encore les premiers à en donner l'exemple.

Le bon citoyen regarde comme un de ses principaux devoirs d'obéir aux lois de son pays ; et l'homme de bien, quels que soient,

---

1. *Relever*, être sous la dépendance de quelqu'un.

du reste, son rang, sa fortune, sa puissance, sait qu'il s'honore en obéissant à Dieu.

Oui, tous les hommes obéissent, car je pourrais ajouter que les méchants, qui croient se soustraire à la loi commune, obéissent aveuglément à leurs mauvais penchants, dont ils se font même les esclaves.

Mais cherchons plus haut encore un exemple d'obéissance. Écoutez-moi bien, mes chers amis.

Jésus-Christ priait sur la montagne des Oliviers ; c'était la veille de sa passion. Il savait qu'il allait être trahi, vendu par un de ses disciples et lâchement abandonné des autres ; puis, condamné à mort par des juges iniques, malgré son innocence reconnue, — abreuvé de tous les outrages que puisse inventer l'enfer, — livré à des bourreaux qui déchireraient son corps sans pitié ; enfin attaché comme le dernier des scélérats à un infâme gibet qui ne devait même pas le mettre à l'abri de nouvelles insultes ; — il savait toutes ces choses, et son courage en était ému, et il eût voulu alors que ce calice d'amertume passât loin de lui. Mais, pour que l'humanité fût sauvée, il fallait que le sacrifice s'accomplît jusqu'à la fin, et Jésus voulait notre salut. Aussi, malgré l'horreur dont il était saisi, il s'écria : « Mon Père ! mon Père ! que votre volonté soit faite, et non la mienne ! » Et, victime résignée, il se soumit au sort affreux qui lui était réservé, obéissant ainsi jusqu'à la mort.

Eh bien ! mes bons amis, quand on vous dit de faire la volonté de vos parents et de vos maîtres, certes, on ne vous demande rien de pareil, et même ce qu'on exige de vous est tout à votre avantage ; car à qui servira l'instruction qu'on tient à vous voir acquérir, sinon à vous ? Et les vertus dont on veut orner votre enfance, qui en retirera les premiers fruits, si ce n'est vous ? Laissez-vous donc conduire avec la plus grande docilité. L'une des choses les plus importantes dans la vie, c'est de savoir obéir ; apprenez-le donc, et pour marcher plus sûrement dans la voie que je vous indique, rappelez-vous bien qu'obéir à ses maîtres, c'est obéir à ses parents, et qu'obéir à ses parents, c'est obéir à Dieu.

53. — Danger de se trouver en mauvaise compagnie.

Mᵐᵉ Longchamp. Tu rentres bien tard, Joseph ; je n'aime pas à te voir rester si longtemps dehors après la classe.

Joseph. Quelle heure est-*ce* donc, maman?

Mᵐᵉ Longchamp. Quelle heure est-*il*, tu veux dire[1]? — Il est bien six heures, mon ami ; regarde la pendule.

Joseph. C'est vrai. — Vois-tu, maman, je *suis* été...

Mᵐᵉ Longchamp. On dit : *j'ai* été.

Joseph. J'ai été un peu sur la place jouer aux billes avec Henri. Il m'avait gagné le matin, et je voulais prendre *mon* revanche.

Mᵐᵉ Longchamp. Dis donc : *ma* revanche.

Joseph. Oui, maman. — Après la partie, je voulais rentrer *de suite*...

Mᵐᵉ Longchamp. Rentrer *tout de suite*.

Joseph. Oui, tout de suite ; mais un gros chien est sorti d'une maison en criant comme un possédé. Il était poursuivi par une vieille panarde, une vieille *coquecigrue!*...

---

[1]. Les barbarismes et les solécismes qui figurent dans cette leçon sont très en usage dans le Languedoc et la Provence.

Mme Longchamp. Très-bien! mon fils, qui t'apprend tout cela?...

Joseph. Maman, je n'y pensais pas; je te demande *excuse*.

Mme Longchamp. A d'autres! on dit : je te demande *pardon*.

Joseph. C'est bien vrai. Je te demande pardon, maman. — Une vieille méchante courait après ce pauvre chien, qu'elle avait *ébouillanté*...

Mme Longchamp. *Échaudé!*

Joseph. Qu'elle avait échaudé, et qu'elle assommait à coups de *mouchettes*.

Mme Longchamp. De *pincettes*, tu veux dire.

Joseph. Oui, à coups de pincettes.

Mme Longchamp. Eh bien!

Joseph. Eh bien! en voulant courir pour savoir ce que c'était, je *me* suis tombé, et j'ai *coupé* mon pantalon, mais sans me faire *du* mal.

Mme Longchamp. Encore! dis donc : je suis tombé, j'ai *déchiré* mon pantalon, sans me faire *de* mal.

Joseph. Oui, maman, c'est ce que je veux dire; je fais ces fautes à présent, et pourtant je tâche *moyen* de les éviter.

Mme Longchamp. Oh! c'est trop fort! laisse

là ton histoire! tu parles comme tu ne m'as jamais entendue parler! je ne veux plus que tu restes sur la place à jouer comme tu le fais depuis quelque temps : c'est là que tu apprends toutes ces jolies choses. Tu n'iras plus qu'avec tes cousins, ou bien tu resteras ici. Tu m'entends?

Joseph. Oui, maman.

Comme on le voit, Joseph avait beaucoup perdu à jouer dans les rues après la classe. Et pourtant, ce n'était pas tout; à l'imitation des petits polissons, il disait des choses déshonnêtes, jurait parfois, et quand il s'agissait de se battre, il n'était jamais le dernier à prendre des pierres. Ainsi, il ressentait les fâcheux effets du mauvais exemple.

Toutefois, après l'entretien que je viens de rapporter, il s'efforça de se conformer aux recommandations de sa mère, et pendant quelque temps il fut assez sage. En rentrant de l'école, il évitait avec le plus grand soin de passer sur la place de peur d'être tenté, et on ne le voyait plus qu'avec ses cousins, qui étaient des jeunes gens fort bien élevés.

Cependant il lui échappa une nouvelle faute qu'il faillit payer bien cher.

Entraîné un jour par de petits maraudeurs

qui lui promettaient une partie de plaisir, il entra dans un jardin qu'il croyait être aux parents de l'un d'eux, et où se trouvaient des fruits magnifiques. Joseph s'étonnait que ses compagnons fussent si pressés d'en emplir leurs poches, et il comprenait encore moins pourquoi deux d'entre eux étaient restés en dehors. Comme il allait en demander la cause, ceux-ci se mirent à crier à tue-tête : « Alerte ! alerte ! sauvez-vous ! »

Aussitôt les garnements prirent la fuite ; mais le garde champêtre qui les guettait en attrapa deux, et l'infortuné Joseph éprouva le même sort. Il eut beau protester de son innocence et assurer qu'on l'avait trompé, le garde fit la sourde oreille et l'emmena en prison avec les autres.

Je vous laisse à juger quel fut le chagrin de la pauvre mère. Son fils en prison ! cette pensée la mettait au désespoir... Elle alla trouver en toute hâte le garde champêtre, le maire de la commune, le propriétaire du jardin, assura que son fils était incapable de commettre une action aussi coupable, et s'offrit à payer les fruits et le dommage causé par les maraudeurs, à condition qu'on rendrait sur-le-champ la liberté aux prisonniers et qu'on ne donnerait aucune suite à cette affaire. On voulait d'abord attendre au lendemain pour que la leçon servît à d'autres; mais on crut devoir céder aux supplications, aux instances de madame Longchamp.

Il faisait déjà nuit noire quand Joseph rentra tout défait à la maison. Que de larmes il versa en demandant pardon à sa mère! combien il sentait l'étendue de ses torts! que de promesses il fit pour l'avenir! Vraiment, il faisait pitié.

« Je te pardonne, mon fils, lui dit madame Longchamp; mais sache que tu m'as causé bien du chagrin, et n'oublie jamais ce que peut coûter la fréquentation des mauvaises compagnies. »

---

54. — Division des êtres de la nature.

Tous les êtres, tous les objets que nous pouvons voir, entendre, ou toucher, se divisent en trois grandes classes, savoir : les *animaux*, les *végétaux* et les *minéraux*.

On appelle *animaux* les êtres qui peuvent, comme le chien, la brebis, la poule, la mouche, choisir leur nourriture et aller d'un lieu à un autre au gré de leur volonté. Ce sont les seuls capables d'éprouver du plaisir ou de la douleur.

On nomme *végétaux* les êtres tels que l'amandier, le rosier, le blé, le champignon, qui sont nécessairement attachés au sol d'où ils tirent leur nourriture.

Enfin, on entend par *minéraux* les corps qui se trouvent à l'intérieur de la terre ou à sa surface, tels que la pierre, le fer, le sel, et qui ne croissent ni ne se nourrissent.

Parmi les animaux, on remarque :

Les *quadrupèdes*, ainsi nommés parce qu'ils ont quatre pieds, comme le cheval, la chèvre, le chat, la souris ;

Les *oiseaux*, dont le corps est couvert de plumes et qui peuvent voler ;

Les *reptiles*, qui rampent, se traînent sur le ventre ; par exemple, la couleuvre, la tortue, le lézard, la grenouille ;

Les *poissons*, dont le corps est couvert d'écailles, et qui vivent dans l'eau, où ils se meuvent à l'aide de nageoires ;

Les *insectes*, qui semblent formés de plusieurs pièces, comme la mouche, le papillon, le hanneton ;

Et les *mollusques*, dont le corps mou est

souvent défendu par une coquille. Le limaçon, l'huître, la limace, sont des mollusques.

Les végétaux se divisent en *arbres* et en *herbes*. Vous le savez, le pommier, le poirier, l'amandier, le tilleul, sont des arbres, et le blé, le maïs, la pomme de terre, l'asperge, la carotte, le persil, l'ail, sont des herbes.

Les minéraux comprennent les *métaux*, les *terres*, les *sels*, etc.

Le nom de *métaux* s'applique aux substances qui, de même que le fer, le cuivre, l'or, le plomb, l'étain, peuvent fondre au feu et s'étendre sous le marteau.

On sait assez ce qu'on entend par *pierre*, *terre* et *sel*; nous n'ajouterons donc rien à ce sujet.

55. — Distraction.

Félix n'est ni paresseux, ni malpropre, ni impoli : pourquoi ses devoirs ne sont-ils donc pas toujours bien faits, ses leçons bien sues? Pourquoi sa tenue laisse-t-elle si souvent à désirer? Pourquoi un grand nombre de personnes le croient-elles malhonnête?

A toutes ces questions, je répondrai par un seul mot : Félix est extrêmement distrait.

La plupart du temps, en effet, il pense à toute autre chose qu'à ce qu'il a à faire ; de là, ce qui paraît si singulier dans sa conduite.

Que de fois, le matin, il lui arrive de chercher ses bas, ses souliers, ses bretelles, qu'il a jetés çà et là la veille en se couchant ! Que de peine il se donne pour rassembler ses livres, ses cahiers, quand vient le moment d'aller à l'école ! Encore ne les trouve-t-il pas toujours, ce qui le met nécessairement en retard et l'oblige de partir sans déjeuner.

Il n'est pas rare qu'il se présente devant son instituteur assurant qu'il a bien fait son travail, et pourtant il a oublié ou d'apprendre ses leçons ou de copier son devoir, ou bien encore il a fait un autre devoir ou s'est trompé de leçon.

Je n'en finirais pas si je voulais entreprendre de rapporter toutes les distractions que ce singulier enfant a commises en classe. Et le pis de cela, c'est qu'il n'est pas le seul à en souffrir. Qu'il mette dans sa poche son encrier sans l'avoir bouché, et que l'encre se répande dans son pantalon, il n'a là que ce que mérite son étourderie ; mais il lui arrive assez souvent de tacher aussi les cahiers de ses camarades et d'emporter leurs livres avec les siens, ce qui les empêche de faire leur travail et les expose à être punis.

Au reste, Félix est fort obéissant. On lui avait donné un soir une commission à faire au grenier. Il s'en acquitta à l'instant même. Mais, en revenant, il pleurait ; il s'était blessé à la tête sans savoir comment ; car il avait, disait-il, emporté sa lanterne. Il la tenait en effet à la main, mais elle n'était pas allumée.

Je l'ai déjà dit, Félix ne manque pas de politesse. La mère d'un de ses condisciples venait l'inviter à une partie de plaisir ; elle frappa. Lui, comme ses parents étaient sortis, s'empressa d'aller ouvrir, salua la dame, la pria d'entrer et la précéda au salon. C'était très-bien jusque-là ; mais, par distraction, il entre le premier, ferme aussitôt la porte sur lui, et est tout étonné de se trouver seul dans la pièce.

Je ne vous citerai plus qu'un trait, qui vous surprendra fort, et qui montre à quel degré notre petit garçon a besoin de se corriger. Avec l'agrément de ses parents, il avait invité, à son tour, quatre de ses amis à passer, un jeudi, une partie de l'après-dîner avec lui. Les enfants se rendirent à l'heure désignée; mais il n'y avait point de Félix à la maison.

Ils jouèrent environ deux heures en l'attendant, et ne le virent point paraître. Enfin, on leur servit une excellente collation qui les consola de l'absence de notre tête sans cervelle.

Où était-il donc pendant ce temps-là ? — Il s'amusait chez un autre camarade, oubliant ceux qu'il avait invités. Et ce ne fut qu'au moment où ceux-ci allaient partir qu'il arriva à la maison. Jugez quels furent son dépit, sa confusion ! — Disons vite que ses parents savaient parfaitement où il était, et que s'ils ne l'avaient pas envoyé quérir, c'était pour lui faire sentir encore une fois les inconvénients d'un défaut qu'ils avaient inutilement combattu jusque-là. On dit que depuis lors il se montra un peu plus réfléchi, et l'on ne désespère pas de le voir enfin ressembler à tout le monde.

56. — Danger de l'étourderie.

Édouard et Alfred étaient allés tous deux au jardin, après leur dîner, pour prendre un peu de récréation. Ils y étaient seuls et jouissaient d'une entière liberté. Édouard, comme à l'ordinaire, s'occupait de son parterre et de ses plates-bandes : il arrosait ses marguerites, ses scabieuses, il redressait ses beaux dahlias et y mettait des supports; il recueillait aussi diverses graines, afin de les conserver pour l'année suivante.

Alfred, qui avait de tout autres goûts, s'amusait à jeter des pierres contre un noyer, pour en abattre des fruits dont il emplissait ses poches.

« Prends garde, lui dit son frère; la route passe derrière l'arbre; tu le sais bien : tes pierres pourraient faire du mal à quelqu'un. »

Mais, au lieu de tenir compte de cet avertissement, l'étourdi, qui ne pensait qu'à ses noix, continua de plus belle. Bientôt on entendit sur le chemin un cri de douleur et une chute qui annonçait un grave accident dont il était aisé de deviner la cause.

Édouard s'élança aussitôt hors du jardin, et trouva, étendu par terre, un vieillard blessé à la tête, et baignant dans son sang. Ému de compassion, il courut à la maison chercher de l'eau fraîche et du linge; il en apporta aussi une liqueur spiritueuse dont quelques gouttes rendirent les forces au vieillard. Alors le jeune homme se mit en devoir de panser la plaie. Il en étancha le sang [1] avec précaution, y appliqua une compresse, et eut le bonheur de mettre le blessé à même de continuer sa route.

Quant à Alfred, tremblant de tous ses membres et honteux de sa conduite, il n'avait pas osé se montrer.

Si l'on réfléchissait sérieusement aux regrets que peut causer l'étourderie, on se hâterait bientôt de se corriger d'un défaut qu'une grande jeunesse même ne saurait justifier entièrement.

---

57. — Insectes nuisibles.

Les insectes sont, parmi les êtres animés, les plus nombreux et les plus variés de forme

---

1. *Étancher le sang*, en arrêter l'écoulement.

et de couleur; ils fourmillent sur la terre, s'introduisent jusque dans nos habitations, et nous obligent, en certaines saisons, à leur faire une guerre presque continuelle. Bien des gens se demandent pourquoi ces chenilles, ces hannetons qui dévorent les feuilles et les fleurs des arbres?

Pourquoi ces vers, ces courtilières, qui s'attaquent aux racines des plantes et font tant de dégâts dans les jardins?

Pourquoi ces pyrales qui détruisent les jeunes bourgeons de la vigne?

Pourquoi ces charançons qui rongent le blé dans nos greniers?

Pourquoi ces sauterelles qui sont un fléau pour certains pays?

Pourquoi ces hôtes incommodes qui envahissent nos maisons et s'attachent même à nos vêtements?

Pourquoi?... Nous ne le savons guère : Dieu ne nous a pas dévoilé tous ses secrets; mais nous savons que les jardins, les vergers des paresseux, sont les plus exposés aux ravages des insectes, et que les gens malpropres sont les premiers à souffrir de quelques espèces dont le nom suffit pour inspirer le dégoût. Cela nous apprend du moins que nous ne devons être ni malpropres ni paresseux.

D'ailleurs les insectes ont beaucoup d'ennemis; ils se détruisent entre eux; les oiseaux, les reptiles et les poissons en dévorent une quantité innombrable, et les froids en font mourir des myriades.

Disons aussi que, parmi ces petits êtres, il en est qui nous sont utiles; tels sont le ver à soie, l'abeille, la cochenille, le kermès, la cantharide et le cloporte. Nous en parlerons dans la leçon suivante.

58. — Insectes utiles.

Le *Ver à soie*. — On sait que le ver-à-soie, qui naît d'un petit œuf gros comme la tête d'une épingle, n'est autre chose qu'une chenille qui se nourrit de la feuille du mûrier. Parvenu à son entier développement, après avoir changé plusieurs fois de peau, cet insecte s'enferme dans un cocon qu'il file lui-même, et où il se métamorphose [1] d'abord en chrysalide [2], puis en papillon blanc. La soie

---

1. Il change de forme.
2. Forme sous laquelle l'insecte est dans un état complet d'immobilité.

se tire de cette enveloppe légère, qu'on est parvenu à dévider, et qui est une source de richesse, pour nos pays méridionaux.

Les *Abeilles*. — Les abeilles sont des mouches à corps velu et de couleur brune. Elles vivent en une société nommée *essaim*, et dans des demeures qu'on leur prépare dans nos jardins et qu'on appelle *ruches*. Ces mouches sont très-laborieuses : on les voit dès l'aube du jour s'agiter sur les fleurs pour en retirer le suc dont elles font leur miel, et la poussière jaune dont elles composent la cire. Quand elles sont suffisamment chargées, elles regagnent la ruche pour y déposer leur précieux fardeau; puis elles retournent de nouveau dans la campagne pour recommencer le même travail. La cire amassée dans la ruche sert à former un gâteau où sont pratiquées une multitude de petites cavités ou *alvéoles*, destinées à recevoir le miel.

On nomme *gauffre* ou *rayon de miel* un morceau de ce gâteau quand le miel y est encore.

Les *Cantharides*. — Les cantharides sont des coléoptères [1] au corps allongé, d'un vert

---

1. Insectes dont les ailes ressemblent à celles du hanneton, des scarabées, etc.

métallique, brillant. Elles vivent sur les branches du lilas et surtout du frêne. Le corps de ces insectes, desséché et réduit en poudre, est très-employé en médecine pour exciter les vésicatoires.

La *Cochenille*. — La cochenille est un joli insecte couleur de feu, qui, desséché, fournit à la teinture les plus belles nuances d'écarlate[1] et de cramoisi[2]. L'espèce la plus recherchée vient du Mexique; elle vit sur le nopal, plante singulière, dépourvue de feuilles, et dont la tige charnue et épineuse est composée de parties assez semblables à des langues qu'on placerait l'une au bout de l'autre.

Le *Kermès*. — Le Kermès[3] est une espèce de cochenille que l'on trouve sur un petit chêne. Il sert aussi à teindre en écarlate; mais il est beaucoup moins employé aujourd'hui pour cet usage que la cochenille du Mexique.

Le *Cloporte*. — Tout le monde connaît ce petit animal inoffensif qui se cache sous les pierres, sous les vieilles poutres, et se roule

---

1. Rouge très-vif.
2. Rouge foncé.
3. Ce nom s'applique aussi à une substance minérale.

en boule pour se défendre. C'est le cloporte. Il était autrefois assez usité en médecine, mais on s'en sert moins aujourd'hui.

---

59. — Natalie.

Quel dommage qu'avec une figure aussi intéressante, Natalie soit si contrefaite! Regardez : elle a l'épaule droite beaucoup plus grosse que la gauche, le dos voûté, l'estomac rentré, la poitrine resserrée; on la dirait souffrante, elle fait peine à voir. Vous la plaignez de bien bon cœur, et pourtant, si elle est ainsi disgraciée, c'est en grande partie à elle-même qu'elle le doit. Son père, sa mère et ses sœurs ne sont point ainsi faits, et Natalie n'a pas eu de maladie sérieuse. D'où lui vient donc cette difformité qui afflige ceux qui la connaissent? — Son institutrice pourrait vous le dire : c'est qu'en dépit des recommandations qui lui ont été adressées, elle s'est toujours fort mal tenue.

En écrivant, elle avait constamment l'estomac appuyé; elle jetait ses pieds sous le banc, avançait le coude droit bien au delà du milieu de la table, se tenait tout de travers, et approchait tellement son visage de son cahier qu'on l'eût crue myope [1], bien qu'elle ait une excellente vue.

En causant, en jouant même, elle n'avait pas une meilleure contenance. Ses condisciples en riaient, et lui appliquaient un sobriquet [2] que je me garderai bien de reproduire ici. Que de fois son institutrice l'a prévenue, l'a grondée, l'a punie même ! Natalie s'observait un instant ; mais bientôt elle se laissait aller comme une personne qui n'aurait pas la force de se soutenir. Elle porte aujourd'hui la peine de sa nonchalance, de son inconcevable apathie ; elle s'en repent amèrement ; elle voudrait y remédier, mais il n'est plus temps. Elle aura beau faire, elle ne parviendra pas à corriger ni même à cacher un pareil vice de conformation.

Vous savez, mes enfants, que quand un arbre est fort jeune, il est facile d'en courber comme aussi d'en redresser la tige, et que, quand il a atteint certaine grosseur, il garde la direction qu'il a prise et romprait plutôt que de plier.

Il en est de même des os qui soutiennent

---

1. *Myope*, qui a la vue courte.
2. Un surnom.

le corps. Dans l'enfance, ils sont encore peu solides et prennent, sans trop de difficulté, la forme qu'on veut leur donner ; mais, avec l'âge, ils acquièrent plus de consistance, et il devient impossible de les redresser ou de les fléchir. De sorte que, par des soins bien entendus, on peut, dans de certaines limites, corriger les vices de constitution d'un enfant; mais aussi, faute de précautions, ou par suite de mauvaises postures trop prolongées, un enfant peut devenir difforme à tout jamais.

Et c'est ce qui est arrivé à la pauvre Natalie. Oh! que de fois elle en pleure en secret!...

Veillez donc sur vous, mes enfants, dans l'intérêt de votre conformation et de votre santé peut-être. Tenez-vous toujours convenablement; ne prenez aucune mauvaise attitude; écoutez attentivement les avis qu'on vous donne à ce sujet, et appliquez-vous à les mettre en pratique; vous vous épargnerez pour l'avenir d'amers regrets, qui ne sauraient remédier au mal que vous vous seriez fait vous-mêmes.

---

60. — Amour filial.

On était au printemps de l'année 1829. C'était l'époque où le jeune Adolphe devait quitter Bordeaux pour aller se fixer aux Antilles [1], auprès d'un oncle fort riche qui, à cette condition, avait promis de lui laisser son immense fortune. Son père et sa mère le préparaient à ce voyage qui devait assurer son avenir. Ils lui avaient donné une éducation convenable, et voyaient avec une grande satisfaction qu'il avait mis à profit les sacrifices qu'on avait faits pour lui.

Son trousseau était prêt, rien n'y manquait, et le navire qui devait l'emmener venait d'arriver au port. Jusque-là, Adolphe avait cru que ses parents, qui parlaient avec tant de bonheur de son séjour en Amérique, ne verraient son départ qu'avec plaisir. Mais le visage soucieux de son père commença à lui faire croire qu'il s'était trompé, et des larmes qu'il surprit un soir, dans les yeux de sa mère, achevèrent de le tirer d'erreur. Alors il devint rêveur à son tour, et comprit que ses parents s'étaient oubliés eux-mêmes, pour

---

1. Iles d'Amérique.

assurer le sort de leur fils unique. Il se représenta le vide que son absence laisserait dans la maison, le chagrin qui en serait la suite, et cet avenir brillant, qu'on avait tant fait luire à ses yeux, perdit tout à coup son prestige[1] : il dit adieu aux rêves de fortune, bien décidé à ne point quitter la maison paternelle.

Sa mère, instruite de cette résolution, essaya de lui faire comprendre que rester en France, c'était perdre une occasion comme il ne s'en présente jamais deux dans la vie.

« C'est possible, répondit l'enfant ; mais je saurais que tu pleures mon absence, et la vie me serait insupportable ; je ne consentirai jamais à m'éloigner de toi. »

Le père lui fit à son tour ses représentations :

« Ne sais-tu pas, mon fils, lui dit-il, que je suis sans fortune ; que je n'ai d'autre ressource que mon pénible travail, et que si tu restes ici…

— Si je reste, dit Adolphe en l'interrompant, je travaillerai avec toi. Ne suis-je pas en âge d'entrer en apprentissage? L'état de

---

[1]. Ce qu'il avait de séduisant.

serrurier en vaut bien un autre; il vaudra mieux qu'un autre pour moi, car il me permettra de te servir d'ouvrier et de conduire à mon tour l'atelier quand tes bras seront fatigués. De grâce ! ne parlons plus de départ ! Je renonce aux richesses ! votre bonheur m'en tiendra lieu. »

Ainsi dit le jeune homme, et quelques efforts qu'on tentât pour le faire changer de résolution, on ne put y parvenir.

Refuser son propre bonheur pour assurer celui de son père et de sa mère, c'est justifier tous les bienfaits qu'on a reçus d'eux.

---

61. — Les fruits.

L'enfant. — O papa ! que j'aime mon joli parterre ! que j'ai de plaisir à soigner mes plantes chéries !

Le père. — Je suis charmé, mon fils, de te voir de pareils goûts.

L'enfant. — C'est à toi que je le dois : les leçons que tu m'as données sont pleines d'intérêt pour moi.

Le père. — Ce que je t'ai dit jusqu'ici est fort peu de chose.

L'enfant. — C'est égal : je voudrais connaître toutes les plantes.

Le père. — Toutes les plantes!

L'enfant. — Oui, papa, serait-ce donc bien difficile?

Le père. — Sans doute. C'est une étude qui demanderait un assez grand nombre d'années, et que l'on n'entreprend pas à ton âge. Il te suffira de connaître les plus utiles à l'homme.

Reprenons notre entretien d'hier. Nous disions des fleurs?...

L'enfant. — Qu'en général, elles produisent les fruits, et qu'ainsi elles joignent l'utilité à l'agrément.

Le père. — Il en est souvent ainsi dans les œuvres de Dieu.

L'enfant. — J'ai compris que les fleurs les moins brillantes ne sont pas celles qui donnent les fruits les moins précieux. Ainsi celles du blé, de la vigne, de l'olivier, du châtaignier, n'attirent guère l'attention, et pourtant c'est à ces plantes que nous devons le pain, le vin, l'huile et les châtaignes.

Le père. — Elles sont en cela le symbole[1]

---

1. La figure, l'image.

du mérite modeste qui donne plus qu'il ne semble promettre.

L'enfant. — Comme la rose, la pivoine, la tulipe et tant d'autres, sont l'emblème de ceux qui ont plus d'orgueil que d'utilité.

Le père. — N'allons pas si loin; ne faisons pas une guerre injuste à des fleurs qui, par leurs aimables couleurs ou leur doux parfum, sont l'honneur de nos jardins. Le dessin, la peinture, la musique, ne sont que des arts d'agrément; mais, pour qu'on les cultive, n'est-ce pas assez qu'ils fassent le charme de la vie?

Parlons des fruits aujourd'hui, et dis-moi s'ils mûrissent tous à la même époque.

L'enfant. — Non, papa; les uns mûrissent au printemps, d'autres dans l'été, d'autres pendant l'automne.

Le père. — Quels sont ceux que l'on cueille au printemps?

L'enfant. — Les fraises, les groseilles, les cerises, les prunes.

Le père. — Ceux qu'on récolte en été?

L'enfant. — Les pommes, les poires, les figues, les abricots, les amandes, les pêches, les noix, les melons, les citrouilles, les pastèques...

Le père. — N'oublions pas le blé, le maïs, le riz, l'orge, le seigle, ni les haricots, les lentilles, les fèves, les pois chiches ; ce ne sont pas les plantes qui nous rendent le moins de services.

Dis-moi maintenant les fruits qui appartiennent à l'automne.

L'enfant. — Les raisins d'abord, puis les châtaignes et les olives.

Le père. — Ce sont, en effet, les principaux fruits d'automne dans nos pays. Mais on récolte encore certaines espèces de poires et de pommes qui achèvent de mûrir l'hiver, des coings, des sorbes, des grenades, des jujubes et de belles figues.

Voilà bien des fruits, et pourtant nous ne les avons pas tous nommés, à beaucoup près. Comment ne pas aimer celui qui nous prodigue tous ces trésors ! Comment ne pas se sentir pénétré pour lui de la plus vive reconnaissance !

L'enfant. — Nous lui demandons tous les jours notre pain quotidien, et ce bon Père ne reste pas sourd à nos prières. Que nous sommes heureux de pouvoir nous dire ses enfants !

Le père. — Ce bonheur est fait surtout

pour ceux qui étudient ses œuvres dans toute la simplicité de leur cœur.

Mais, voyons, Dieu n'aurait-il pas pu se borner à produire pour nous une seule espèce de fruits?

L'enfant. — Sans doute, il l'eût pu; mais comment aurions-nous fait, nous qui aimons tant le changement? Pour moi, je n'y trouverais pas mon compte.

Le père. — Je le crois. Tu aurais pu dire aussi que la variété des arbres, des plantes, fait le charme des paysages, et que cette variété n'existerait pas. D'ailleurs, il est des années où certaines espèces de végétaux donnent des produits insuffisants; mais quand une récolte vient à manquer, d'autres récoltes peuvent s'offrir en compensation. Comment ferions-nous s'il en était autrement?

L'enfant. — C'est vrai; je n'y avais pas réfléchi. Je vois bien à présent que la variété des fruits est une nouvelle preuve de la bonté divine.

Le père. — Une autre remarque maintenant. Si les châtaignes mûrissaient pendant l'été, et les fraises, les groseilles, les cerises au milieu de l'hiver...

L'enfant. — Je comprends; des marrons grillés n'auraient rien de bien attrayant pendant les grandes chaleurs, et une assiette de fraises ne nous tenterait guère quand nous grelotons de froid. Dieu nous donne chaque fruit dans la saison convenable.

Le père. — C'est cela : pour les beaux jours, les fruits rafraîchissants qui se mangent crus; et, pour l'arrière-saison, les fruits qui se conservent et qui, pour la plupart, demandent une préparation avant de servir à notre nourriture.

L'enfant. — Ainsi, à mesure qu'on avance dans l'histoire naturelle, on comprend mieux toute l'étendue de la bonté de Dieu.

Le père. — Oui, mon enfant, pour bien connaître l'ouvrier, il faut considérer ses œuvres; cela est tout naturel. Persévérons dans l'étude que nous avons commencée; c'est le moyen de se procurer les joies les plus pures et de se mettre mieux à même de comprendre et d'acquitter, autant qu'il est en nous, la dette de reconnaissance que nous contractons de jour en jour avec le bon Dieu.

62. — Des métaux.

Les métaux, comme les pierres, se tirent de la terre. On nomme *mine* l'endroit où ils gisent et d'où on les extrait.

Le métal qu'on retire de la mine est souvent mêlé avec de la terre, des pierres ou d'autres substances; alors on l'appelle *minerai*.

En faisant fondre le minerai, on sépare le métal des matières étrangères.

La plupart des métaux peuvent s'allonger en fils plus ou moins déliés, et s'étendre sous le marteau, en lames, en feuilles minces. Dans le premier cas, on dit qu'ils sont *ductiles;* dans le second, on les dit *malléables*. Remarquez qu'il n'en est pas de même des pierres, qu'on brise, qu'on réduit en poussière, en les frappant avec un corps dur.

On compte un assez grand nombre de métaux. Les plus connus sont, en les rangeant d'après leur utilité : le *fer*, le *cuivre*, l'*étain*, le *plomb*, le *zinc*, l'*or* et l'*argent*.

Le fer. — Le fer est le métal le plus répandu dans la nature. Pour l'obtenir pur, on fait fondre le minerai dans les hauts fourneaux à l'aide de charbon ou de houille. Le métal en fusion se rend dans la partie inférieure, d'où on le fait couler dans un sillon pratiqué dans le sable. Quand il est refroidi, on le porte par morceaux à la forge, puis on le bat au moyen d'un *martinet*, espèce de gros marteau que l'eau fait ordinairement mouvoir.

Mais le fer peut être utilisé avant d'être forgé. La *fonte* (c'est ainsi qu'on nomme le fer sortant du minerai) sert à faire des marmites, des plaques de cheminée, des chenets, etc. Il suffit de la recevoir liquide dans des moules de sable convenablement préparés.

L'usage du fer s'étend de plus en plus. Non-seulement on en fabrique les instruments aratoires[1], les outils avec lesquels on travaille les autres métaux et la pierre, des armes, une quantité innombrable d'ustensiles de toutes sortes employés dans nos maisons; on en fait encore des machines, des bateaux à vapeur, des vaisseaux, des routes, des voitures, des maisons, des meubles, et jusqu'à des bijoux et des tissus.

---

1. Qui servent à l'agriculture.

Enfin, le fer entre dans la préparation d'un grand nombre de médicaments et de certaines couleurs.

L'*acier* n'est autre chose que du fer auquel on a mêlé de la poussière de charbon.

---

63. — La sœur désintéressée.

Dans une petite ville de Normandie, vivaient ensemble trois jeunes orphelines qui différaient peu sous le rapport de l'âge. Douées des meilleurs sentiments, elles conservaient un pieux souvenir des auteurs de leurs jours, et ne faisaient qu'un cœur et qu'une âme. Jamais il ne s'élevait entre elles le moindre nuage : chacune s'efforçait de contribuer au bonheur des deux autres, et ne laissait échapper aucune occasion de leur faire plaisir, de leur causer une agréable surprise. Toutes rivalisaient de prévenances, de petits soins, d'attentions délicates.

Ces intéressantes jeunes filles avaient une tante, mademoiselle Andrée, personne fort riche, mais d'un caractère si altier[1], si difficile, que, malgré sa fortune, elle n'avait pu

---

1. Fier, hautain, orgueilleux.

trouver à s'établir à son gré. Cette tante était la marraine de Clarice, la cadette et la plus jolie des trois sœurs. Elle s'était vivement attachée à sa filleule, et voulait en faire son unique héritière. La jeune personne, loin d'apprendre ce projet avec plaisir, en fut très-affectée. Elle tâcha d'en détourner sa marraine, en lui représentant combien ses sœurs étaient bonnes et dignes de l'affection de leur tante, qu'elles aimaient d'ailleurs sincèrement. Ces représentations furent inutiles : mademoiselle Andrée eût craint de paraître faible en cédant à sa nièce, dont cependant le désintéressement la charmait ; elle persista plus que jamais dans ses intentions. Toutefois, Clarice espérait qu'avec le temps elle parviendrait à vaincre l'obstination de sa marraine, qui du reste n'était pas d'un âge avancé. Mais mademoiselle Andrée tomba malade et mourut au moment où l'on s'y attendait le moins.

Dès l'ouverture du testament de la défunte, l'héritière renonça aux avantages qui lui étaient accordés ; mais ses deux sœurs s'y refusèrent. « Non, dirent-elles, garde cette fortune, qui te permettra de faire un meilleur établissement. Nous pourrons nous suffire par notre travail, et nous serons heureuses de ton bonheur. » Néanmoins, Clarice, à force de prières, surmonta leur résistance, et l'héritage fut, selon son désir, divisé en trois portions d'égale valeur.

Après les auteurs de nos jours, nos frères et nos sœurs sont les êtres que nous devons le plus chérir. Heureux ceux qui comprennent ce devoir, et qui mettent l'amour fraternel bien au-dessus d'un vil intérêt : la bénédiction du ciel ne peut manquer de descendre sur eux.

64. — Des métaux. (*Suite.*)

Le *cuivre*. — Le cuivre pur est rougeâtre et très-sonore. C'est un des métaux les plus utiles à cause de ses usages multipliés. On en fait des chaudières, des chaudrons, des casseroles, des bassinoires, des coquemars, des bouilloires, des seaux, des tourtières, etc. Les pièces de cinq et dix centimes sont de cuivre rouge.

On reproche à ce métal de se couvrir de vert-de-gris lorsqu'il est en contact avec l'air humide ; mais on obvie à cet inconvénient au moyen de l'étamage.

Le cuivre entre dans un grand nombre d'alliages[1]. Les principaux sont :

Le *laiton* ou *cuivre jaune*, qu'on obtient en faisant fondre du cuivre pur avec du zinc ;

Le *bronze des canons*, composé de cuivre et d'étain ;

Et le *bronze des cloches*, composé de cuivre, d'étain et de zinc.

L'*étain*. — Ce métal est blanc et assez léger ; il crie lorsqu'on le plie. On en fabrique des cuillères, de la vaisselle plate, des pots, des gobelets, des fontaines, etc. Il entre aussi dans la composition du *fer-blanc*, qui n'est autre chose qu'une feuille de tôle mince qu'on a laissée tremper quelque temps dans de l'étain fondu avec une légère quantité de cuivre.

Le *plomb*. — Le plomb, qui est très-mou, et qu'on reconnaît aisément à sa couleur d'un gris bleuâtre, s'emploie principalement en feuilles pour couvrir certains édifices, doubler des bassins, des cuves, faire des tuyaux, des gouttières, etc. On l'a choisi de préférence aux autres métaux pour faire des balles à fusil à cause de son grand poids.

---

1. On appelle *alliage* la combinaison de deux ou de plusieurs métaux fondus ensemble.

Le plomb, fondu avec de l'étain dans certaines proportions, forme la *soudure*, et sert à l'étamage.

Le *zinc*. — Ce métal sert aux mêmes usages que le plomb : mais comme il a plus de consistance et qu'il s'oxyde[1] moins, on en fait des baignoires, des seaux, et une foule d'objets d'utilité domestique.

L'*or* et l'*argent*. — Chacun sait que l'or et l'argent sont les plus précieux des métaux, et qu'ils sont employés à la fabrication de la monnaie et des ouvrages de bijouterie. Mais tout le monde ne sait pas qu'avant de les mettre en œuvre, on y mêle un peu de cuivre. Sans cette précaution, ils manqueraient de dureté et s'useraient plus vite.

---

65. — Le pain.

Savez-vous, mes enfants, comment se fait le pain ? comment on se procure la farine ? — Plusieurs d'entre vous me font signe que non. C'est pourtant une chose bien intéres-

---

1. On dit d'un métal qu'il *s'oxyde* lorsqu'il se recouvre d'une espèce de crasse, de rouille, comme le fer, le cuivre qu'on expose à l'humidité.

sante à savoir. Aussi je vais vous en donner une idée. Parlons d'abord du blé.

Vous avez pu le remarquer en cueillant des bluets et des coquelicots dans les champs, le blé se compose d'une tige légère surmontée d'un épi contenant des grains qu'on appelle aussi du blé.

C'est vers le mois de juillet que la plante arrive en pleine maturité. Alors elle jaunit, se dessèche, et on la coupe avec la faux ou la faucille. Cette récolte pénible, qui a lieu à l'époque la plus chaude de l'année, se nomme *moisson*, et ceux qui la font, *moissonneurs*.

Quand le blé a été scié, mis en javelles[1], puis lié en gerbes, on le conduit à l'aire pour le dépiquer, soit au moyen d'un rouleau de pierre, soit à l'aide d'animaux qui le foulent aux pieds, ou bien on l'enferme dans la grange pour le battre avec le fléau[2] à mesure qu'on en a besoin.

Le grain qu'on a retiré de l'épi est serré

---

1. Poignées de blé scié couchées sur le sillon.
2. Le *fléau* est un instrument composé de deux bâtons d'inégale longueur, attachés l'un au bout de l'autre par des courroies. Le bâton le plus long est le manche. En faisant tomber le plus court sur les épis on en détache les grains, et c'est ce qu'on appelle *battre le blé*.

au grenier ou porté au moulin, où une grosse meule, mise en mouvement par l'eau ou le vent, le broie, l'écrase, le réduit en farine.

Mais la farine est encore mêlée avec le son, qui n'est autre chose que l'enveloppe, la peau du grain du blé. On l'en sépare en la sassant[1] avec un moulin comme vous pourriez en voir chez quelques boulangers et peut-être dans vos maisons.

La farine une fois sassée, il ne reste plus qu'à en faire du pain. On la pétrit d'abord. Cette opération longue et fatigante revient à mêler à la farine de l'eau et du sel en quantité convenable avec un peu de pâte aigrie, nommée *levain*[2]. Le produit de ce mélange, la *pâte*, suffisamment travaillée, fermente, lève, c'est-à-dire s'échauffe et augmente de volume, et quelques heures après, on la coupe par morceaux et on la met dans un four convenablement chauffé, où elle reste jusqu'à entière cuisson. Alors on n'a plus qu'à défourner, et le pain est fait.

---

1. *Sasser*, passer à une espèce de tamis appelé *sas*.
2. Le levain peut se remplacer par la *levûre* de bière (on nomme ainsi l'écume que fait la bière quand elle bout).

66. — Suites de la paresse.

C'était à la campagne, vers le soir. Un fermier, le bon Gervais, assis devant sa porte avec ses enfants, leur parlait des travaux qui devaient occuper la journée du lendemain, quand un homme dans toute la force de l'âge et doué d'une santé robuste, s'arrêta près d'eux et leur offrit des objets de papier découpé, espérant en retirer quelques sous et un morceau de pain. C'était à peu près tout ce que cet homme savait faire pour gagner sa vie. Or, on conçoit qu'il ne devait pas gagner grand'chose ; peu de gens se soucient de pareilles futilités : aussi sa misère était-elle grande. Et pourtant ceux qui le connaissaient ne le plaignaient guère. Il avait été placé par sa naissance beaucoup au-dessus de la classe indigente ; on le savait, — et en faisant usage de ses talents et de ses ressources, il aurait pu se suffire sans peine et même fournir aux autres les secours qu'il mendiait pour lui. Mais malgré tous les moyens qu'il avait eus de s'instruire et de se créer une honnête position, il n'avait jamais écouté que son penchant à la paresse et au plaisir ; il était resté dans l'ignorance et avait fini par dissiper tout ce qu'il possédait.

Le fermier, qui connaissait l'histoire de cet homme, le pria de la raconter lui-même à ses enfants, pour qu'ils en retirassent quelque profit. Et, comme il l'avait espéré, elle produisit une impression profonde sur l'aîné, qui, naturellement léger et peu laborieux, avait besoin d'une pareille leçon. Il rougit de ressembler en quelque chose à l'espèce de mendiant qu'il avait devant les yeux, prit la ferme résolution de fuir la paresse et le désœuvrement, et, depuis ce jour, ne donna plus que de la satisfaction à ses parents.

---

67. — Construction d'une maison.

Il faut bien des bras pour construire une grande maison.

L'architecte en trace le plan. Pendant que le tailleur de pierre taille, dresse, ajuste les pierres qui doivent servir à l'embrasure des portes et des fenêtres, aux angles des murs, aux escaliers et à la corniche, le maçon, aidé du manœuvre, creuse les fondations, élève les murs, les recrépit et les badigeonne. C'est lui qui établira les planchers et qui posera les carreaux des appartements, quand la maison sera couverte.

A peine les murs sont-ils terminés que le charpentier pose les poutres, les combles, et construit les mansardes.

Le couvreur, à son tour, fixe sur les toits les tuiles, les ardoises ou les bardeaux[1] qui doivent protéger la maison contre la pluie et le mauvais temps, et le ferblantier met en place les tuyaux de descente par où les eaux des toits s'écoulent dans la rue.

Pendant ce temps, le plafonneur fait les cheminées et les plafonds, et le menuisier s'occupe des portes, des croisées, des contrevents, des volets, des persiennes, des jalousies, des placards, des lambris, des plinthes, des parquets.

De son côté, le serrurier prépare, pour les poser ensuite, les rampes d'escalier et tout ce qui sert aux fermetures, comme pentures[1], gonds, fiches, serrures, loquets, verroux, targettes, espagnolettes, etc.

La menuiserie une fois en place, le vitrier met les carreaux aux croisées et aux portes,

---

1. Petites planches minces et courtes.
3. Bande de fer pour soutenir une porte, une fenêtre sur le gond.

et le peintre passe sur les rampes, les boiseries, une couleur à l'huile, au vernis ou à la colle. C'est aussi lui qui décore les appartements en collant sur les murs des papiers peints.

Vous le voyez, la construction d'une maison met bien du monde en mouvement, et pourtant nous n'avons rien dit du scieur de long, qui scie les solives, les poutrelles, les planches; du carrier, qui tire de la terre le moellon et les pierres de taille; du chaufournier, qui fait la chaux; du plâtrier, qui prépare le plâtre; du tuilier, qui fabrique les carreaux, les tuiles, les briques, etc.

Vous ferez bien, mes enfants, de relire cette leçon, qui renferme sans doute plus d'une chose que vous ne connaissiez pas.

68. — Travail et économie ou le petit chiffonnier.

Une pauvre femme, nommée Marguerite, avait perdu son mari et presque tous ses enfants. Il ne lui restait pour consolation qu'un fils bien jeune encore et qu'elle chérissait par-dessus tout. Comme elle n'avait que son travail pour vivre, elle aurait pu placer André dans quelque fabrique; mais elle aima mieux s'imposer des privations et l'envoyer à l'école.

L'enfant était fort sage, il aimait l'étude et donnait beaucoup de satisfaction à son instituteur. Mais à peine le pauvre petit commençait-il à lire, à écrire et à calculer passablement, que sa mère perdit peu à peu la santé et ne put bientôt plus travailler que quelques heures par jour. Elle était bien malheureuse, mes amis; elle sentait qu'elle allait être forcée d'entrer dans un hôpital, et elle se demandait qui prendrait soin de son fils.

Un soir, André la surprit toute en larmes.

« Qu'as-tu, chère maman, lui dit-il en se jetant à son cou? t'aurais-je fait de la peine sans le savoir?

— Non, mon cher petit, répondit-elle; mais je sens que mes bras se refusent au travail, et il ne me restera bientôt plus rien pour t'acheter du pain.

— Oh! dit André, ne pleure pas, je t'en conjure! Dieu est bon. Tu me l'as toujours dit, et on me l'a souvent répété à l'école. Je vais si bien le prier, qu'il aura pitié de nous. »

Et l'enfant se mit à genoux aux pieds de sa mère; et il pria si bien avec son cœur, que ses yeux se remplirent de larmes. Puis il alla tout pensif se mettre dans son petit lit.

Cette nuit-là, la pauvre malade dormit profondément, ce qui ne lui était pas arrivé depuis bien longtemps, mais, pour André, il goûta à peine quelques instants de sommeil. Il avait compris l'état de sa mère, quoiqu'il fût bien jeune; et, à son tour, il pleurait de ne pas pouvoir la soulager. Il invoqua de nouveau le Seigneur; et le Seigneur, dans sa miséricorde, tourna les yeux vers lui, et lui donna la raison et le courage qu'on n'a d'ordinaire que dans un âge plus avancé.

A peine le jour fut-il venu, qu'André se leva et alla auprès de sa mère. Elle dormait encore. L'enfant épia son réveil, et quand elle ouvrit les yeux, il l'embrassa et lui dit avec un air de résolution inaccoutumé :

« Bonne mère, tu as assez travaillé pour ton petit garçon; c'est à lui de travailler pour toi. Repose-toi donc, je vais tâcher de gagner ta vie et la mienne.

— Pauvre enfant! dit-elle. Eh que feras-tu! tu n'as pas pu apprendre un état; tu es trop jeune.

— Sois tranquille, répondit André en se dérobant à ses caresses, sois tranquille. »

Et il s'éloigna.

69. — Travail et économie. (*Suite.*)

Deux heures après, le petit garçon revint tout radieux et hors d'haleine; et, jetant sur la table trois pièces de cinq francs :

« Vois, mère, dit-il, vois si je n'avais pas raison? Voilà déjà quinze francs pour acheter du pain et quelque chose avec, j'espère, ajouta-t-il en riant.

— Où as-tu pris cet argent? lui dit la bonne Marguerite, surprise et inquiète.

— Rappelle-toi, maman, que tu me donnais autrefois deux ou trois sous toutes les semaines pour m'amuser le dimanche avec mes petits camarades. Eh bien! au lieu de les dépenser, je les remettais le lundi à notre instituteur pour qu'il les déposât à la caisse d'épargne. Je ne suis pas le seul qui fît ainsi : M. Dulac nous avait donné le conseil de ne rien dépenser inutilement, de penser à l'avenir, et de lui confier tout l'argent dont nous pouvions disposer. Je ne comprenais guère ce qu'il entendait par là, penser à l'avenir; mais je sentais qu'il nous aimait et que ce qu'il nous conseillait devait être pour notre bien. J'ai fait comme les autres, et j'en suis bien heureux aujourd'hui. Ma foi! je ne croyais pas être si riche : je ne m'attendais pas que ces sous pussent se changer un jour en trois belles pièces de cinq francs! »

Et l'enfant sautait de joie.

Je n'ai pas besoin de dire qu'il n'était pas le seul heureux ; sa mère le couvrait de baisers et l'arrosait de larmes, en rendant grâces au ciel de lui avoir donné un si bon fils.

Cependant les quinze francs ne pouvaient pas durer longtemps, et Marguerite était trop malade pour espérer pouvoir reprendre de sitôt son travail. André lui-même l'avait prévu ; mais, au lieu de s'en chagriner inutilement, il se procura une petite hotte, et, comme les chiffonniers, il se mit à parcourir les rues, cherchant partout, dans les ordures même qu'on jette des maisons, les petits morceaux de chiffon, de papier, de verre, de fer, et ramassait jusqu'aux os que les chiens avaient rongés.

Vous demanderez peut-être, mes enfants, ce qu'il pensait faire de tous ces objets, qui ne semblent pas valoir la peine qu'on se baisse pour les ramasser. Sachez donc que le chiffon sert à faire du papier ; que le verre peut se refondre ; qu'il en est de même du vieux fer, des clous rouillés; que les os brûlés, réduits en charbon, servent dans la préparation du sucre. Et comme tous ces objets ont une utilité, on trouve des gens qui les achètent.

Il faut sans doute beaucoup de rognures d'étoffe pour faire un kilogramme, et un kilogramme de chiffon ne se vend pas cher. Mais ici tout est bénéfice, et notre petit chiffonnier se levait de bonne heure et ne craignait pas d'aller chez les tailleurs et les couturières, chez les restaurateurs et les aubergistes, demander tout ce qui pouvait servir à son petit commerce. On s'intéressait à lui parce qu'il était poli, et qu'il s'offrait de lui-même à faire des commissions pour reconnaitre les bontés dont il était l'objet. Quand André avait rempli sa hotte, il courait la vider à la maison, et recommençait ses promenades par la ville. Puis, le soir venu, il triait sa *marchandise*, qu'il vendait lorsqu'il en avait en assez grande quantité. Et, de cette manière, par son travail, les vieux chiffons, les verres cassés, se changeaient en sous, et les sous en jolies pièces blanches, comme il le disait gaiement à sa mère.

La bonne Marguerite, qui n'avait plus

d'inquiétudes sérieuses, recouvra sa santé et ses forces. Cependant elle ne put reprendre ses occupations que quelques mois après. Elle voulait alors que son fils recommençât d'aller à l'école; mais André la pria de le laisser travailler un an encore afin de faire des économies en cas de besoin. Elle céda et n'eut pas à s'en repentir. Quand l'enfant retourna auprès de M. Dulac, il avait amassé et déposé à la caisse d'épargne une somme qui dépassait cent cinquante francs. Cet argent lui servit à payer son apprentissage quand il eut fait sa première communion.

André fit des progrès rapides dans l'état d'ébéniste qu'il avait choisi. C'est aujourd'hui un bon ouvrier jouissant de l'estime de tout le monde et faisant le bonheur de sa mère.

70. — Le Dimanche.

Vous avez lu, mes enfants, que Dieu, après avoir créé l'univers en six jours, se reposa le septième.

Et c'est en mémoire de l'œuvre sublime de la création qu'il a été dit aux hommes de travailler durant six jours, mais de sanctifier le septième en le consacrant au Seigneur, et de ne faire aucun ouvrage ce jour-là.

C'est donc pour nous une obligation impérieuse de sanctifier le dimanche, et d'en faire, avant tout, le jour de la prière et du recueillement [1].

Or l'Église, mes enfants, nous enseigne la manière d'employer saintement le jour du repos; et les pratiques religieuses qu'elle nous recommande sont infiniment propres à atteindre ce but important.

Cependant, en nous prescrivant la sanctification du dimanche, Dieu avait encore un autre but, où nous pouvons reconnaître une nouvelle preuve de sa miséricorde infinie.

Le travail est la loi commune, tout le monde y est soumis; vous travaillez vous-mêmes en apprenant vos leçons, mes amis. Ainsi l'a voulu le Seigneur.

Mais si le travail, quoique rude parfois, est salutaire, s'il nous procure ce qui est nécessaire à la vie, le fardeau deviendrait trop pesant, et nous succomberions, s'il fallait le porter toujours; le corps demande du repos.

Et le repos du corps n'est pas le seul be-

---

[1]. Cependant cette loi peut être enfreinte lorsqu'il s'agit de certains travaux qui ne permettent aucun délai, ou qu'on ne saurait différer sans s'exposer à de graves inconvénients; telles sont la moisson, les vendanges, etc.

soin que nous éprouvions : le cœur et l'esprit ont aussi les leurs.

Le travail quotidien nous sépare souvent de nos amis, de nos proches; loin d'eux, nous sentons bien mieux à quel point ils nous sont chers, et nous soupirons après le moment de les revoir.

L'intelligence, faute de lecture, d'aliment nécessaire, sent aussi des privations que vous comprendrez, j'espère, en avançant dans la vie.

Dieu, dans son amour, a tout prévu, et la sanctification du jour du repos répond à tous les besoins de notre nature. C'est ainsi que ce que le Seigneur exige de nous tourne toujours à notre propre avantage.

Aussi, qu'après six jours d'un pénible labeur nous voyons avec plaisir arriver le dimanche !

Eh ! comment ne l'aimerions-nous pas ! N'est-ce pas le jour où vieillards, enfants, hommes, femmes, riches, pauvres, tous en habits de fête, courent en foule se prosterner aux pieds du Tout-Puissant, pour appeler sur eux le trésor de ses grâces et de ses bénédictions ?

Le jour où nos membres fatigués reprennent leurs forces et leur vigueur? où notre esprit peut enfin, sans ravir au travail un temps précieux, aller puiser, dans un livre pieux ou instructif, la nourriture dont il a besoin?

Le jour où l'ouvrier des villes, longtemps enfermé dans son atelier, où il manque parfois d'air et de lumière, va avec une épouse et des enfants chéris respirer l'air pur de la campagne, et jouir à son tour de la vue du ciel, des arbres et de la verdure?

Le jour où nous pouvons revoir ceux que nous aimons, serrer leurs mains dans nos mains, et sentir que nous vivons en eux comme ils vivent en nous?

Le jour enfin où, réunis quelquefois au repas du soir, que vient égayer la présence des enfants, les parents et les amis oublient, dans les joies de la famille et d'une douce intimité, les fatigues de la semaine, et s'aident à supporter les maux de la vie, dont nul n'est exempt ici-bas?

Vous grandirez vite, mes amis; d'enfants que vous êtes vous deviendrez bientôt des hommes, et je n'aurai plus à vous conduire. Ah! marchez toujours dans le sentier où je m'efforce de guider vos pas! Respectez toujours la loi divine, et que le dimanche ne soit jamais pour vous que le jour du Seigneur, le jour de la famille, le jour des pures et saintes affections!

71. — Abréviations.

Pour écrire plus vite ou en moins d'espace, on retranche parfois des lettres d'un mot; c'est ce qu'on appelle *abréviation*.

Les principales abréviations sont celles-ci :

M^r ou M.	Monsieur.	N.-S.	Notre-Seigneur.
M^{rs} ou MM.	Messieurs.	J.-C.	Jésus-Christ.
Mme	Madame.	N.-D.	Notre-Dame.
Mmes	Mesdames.	Ex.	Exemple.
Mlle	Mademoiselle.	S. S.	Sa Sainteté.
Mlles	Mesdemoiselles.	S. P.	Saint-Père.
Mgr	Monseigneur.	S. G.	Sa Grandeur.
M^d	Marchand.	R. P.	Révérend Père.
M^{de}	Marchande.	Son Exc.	Son Excellence.
M^e	Maître.	S^t	Saint.
S. M. I.	Sa Majesté Impériale.	S^{te}	Sainte.
LL. MM.	Leurs Majestés.	Ps.	Psaume.
S. A. R.	Son Altesse Royale.	S^r	Sieur.
LL. AA. RR.	Leurs Altesses Royales.	Vve	Veuve.
N^o	Numéro.	et Cie	et Compagnie.
P.-S.	*Post-Scriptum.*	N. B.	*Nota bene.*
T. S. V. P.	Tournez, s'il vous plaît.	*id.*	*idem.*
&	et.	&c ou etc.	et cætera.

Exercice.

Ex., S. G., M^e, N^o, M^d, S^r, Mme & M^{de}, S. S., M., Vve, Mgr, St, *id.*, LL. MM., etc., Mlle, R. P., M^r, *P.-S.*, J.-C., S^{te}, MM., S. M., N.-S., S. P., N.-D., S. Exc., Mmes, &c., et Cie, *N. B.*, Mlles, S. A. R., M^{rs}, T. S. V. P., LL. AA. RR., Ps.

72. — Application de la précédente.

Valentin. — C'est vraiment une bien bonne chose que de savoir lire. Grâces à ce petit talent, que j'ai acquis sans beaucoup de peine, j'ai un grand avantage sur les autres domestiques de la maison : je puis faire mes commissions sans rien demander à personne, et l'intendant de M^r le baron a pour moi une estime toute particulière. Ce cher M. Victor ! je lui suis réellement attaché, et il me tarde de le voir revenir de la campagne.

Voyons, mettons nos lunettes et déchiffrons sa petite lettre.

« Mon pauvre Valentin,

« *Voici encore une kyrielle de commissions qui vont*
« *fatiguer vos vieilles jambes ; mais prenez-en un peu*
« *à l'aise ; n'allez pas trop vite, ménagez-vous.*

« *Le panier de gibier que le cocher doit vous re-*
« *mettre est pour Mrs Dupuy.*

« *La liasse de papiers, pour Me Lamy, avoué.*

« *La caisse, pour MM. Paul Dufour et Cie, M^{ds} de*
« *nouveautés, rue St-Pierre, n° 1.*

« *Le carton, pour la Mde de modes de Mme la ba-*
« *ronne.*

« *Vous trouverez, dans le petit paquet, des lettres*
« *pour Mme de Latour, Mlle de Beaumont et Mme V^e*

« *Hubert, à qui S. Exc. a promis une pension. Mlles de*
« *Verneuil recommandent ces lettres à votre exac-*
« *titude.*

« *Le P. Joseph vous prie aussi de prendre chez son*
« *libraire de la place Ste-Catherine les premières li-*
« *vraisons de la vie de N.-S. J.-C., qui viennent de*
« *paraître.*

« *Adieu, mon bon Valentin, portez-vous bien.*

« Victor.

« *P.-S. J'ai mis dans le caisson de la voiture deux*
« *vieilles bouteilles pour vous.* »

Que de bontés ! ce post-scriptum-là me donne du cœur et des jambes ! Nous irons visiter le caisson.

Mais ce n'est pas tout, je vois au bas de la page un T. S. V. P. Achevons.

« *J'ai oublié l'adresse du nouveau carrossier; mais*
« *vous la trouverez sur la table de ma chambre. Elle*
« *commence ainsi, je crois : Le S^r..., fournisseur de*
« *S. M. et de S. A. R. Mgr..., etc...; vous l'indi-*
« *querez au jockey.* »

Oui, mon cher monsieur Victor, tout cela se fera comme vous le désirez, et j'y vais de ce pas.

73. — Lecture du latin.

Lisez en prononçant toutes les lettres à la française.

Frater, filius, virgo, honor, dabo, carnis, sylva, lux, factor, gloria, judex, salus, zona, mors, kermes, nox, Biblia, est, Dominus, spiritus, apostolus, Troja, plebs, Urbs, fructus, omnes, amnis, hymnus, cinis, niger, rosa, certus, vigil, miser, accipio.

Lisez en faisant entendre les deux consonnes du même nom.

Gallia, immolatus, Annibal, irrigabat, ossis, villa, ammodytes, gutta, annus, tyranna, nullus.

RÈGLE. — Au, ph, *se prononcent comme en français.*

Aut, Paulus, physica, auctor, flegma, laus, exaudio, Phrygia.

RÈGLE. : e, æ, œ, *se prononcent* é.

Ecce, die, sede, genu, suæ, iræ, cæcus, pœnitet, amare, ecclesia, zephyrus, cœnobitæ, mei, Deus, deitas, deinde, testuaceus, arbuteus, kyrie, gutturale.

RÈGLE : ch *et* gn *se prononcent toujours* k *et* guene.

Michaelis, agnus, ignia, charitas, Chersonesus, chiroteca, magnus, gnosco.

Règle : am, im, om, an, in, on, ym, yn, *se prononcent à la française au commencement et dans le corps des mots.*

Ante, invocare, amplexus, impleo, amandus, confessio, nympha, ancilla, responso, synthema, imbibo, symptoma.

---

74. — Lecture du latin. (*Suite.*)

Règle : en *et* em, un *et* um, *se prononcent* ein, on, *excepté à la fin des mots.*

Gens, emptus, voluntas, umbra, vendo, tempus, subjungere, sumptus, virens, secundo, ascensio, patens, semper, sunt, lætentur, repungo, venerunt, sumpsi.

Prononcez à la française, nunc, tunc.

Règle : *La voyelle qui précède* n *ou* m *final se prononce avec la valeur qui lui est naturelle, excepté l'*u*, qui, dans ce cas, sonne comme l'*o. Exemples : vitam, amen, album; *prononcez,* vitame, amène, albome.

Pugnam, lumen, autem, cæterum, dein, passim, nysion, thronum, mensam, tamen, panem, templum, in, ostiatim, typhon, sumptum, Italiam, agmen, chalybem, gynæceum, statim, nymphon, tympanum, gymnasium.

RÈGLE : qu *se prononce* k *devant* o, cou *devant* a, *et* cu *dans la plupart des autres cas.*

Quod, aqua, quid, que, quoniam, qualis, liquidum, questus, quoque, quanquam, equile, equestris, quincunx, squarus, quinquaginta, æquiter.

RÈGLE : gu *se prononce* gou *devant* a; *ailleurs l'*u *qui suit le* g *conserve la valeur qui lui est propre.*

Lingua; anguis, unguem.

RÈGLE : u *suivi de deux* m *ou de deux* n, *sonne comme l'*o. Summa, summitas.

RÈGLE : ti, *non précédé d'un* s *ou d'un* x, *se prononce* ci *devant une voyelle.*

Gratia, ratio, hospitium, tertius, patiens, valentior, sapientiæ, liquatio, partiatim, negotium, quoties, stationis, Mutius, clementior.

On lira donc, en conservant au t *la prononciation qui lui est naturelle :* hostia, quæstio, ostium, sextiæ.

TABLE DES MATIÈRES

L'Alphabet.	3
Exercices de prononciation.	5
id. id.	7
id. id.	9
id. id.	11
id. id.	13
Des Liaisons.	16
Id. (Suite).	19
Premiers conseils pour la lecture à haute voix.	22
Cris des animaux.	23
Émilien.	25
Du temps.	25
Casimir.	27
La salle d'asile.	29
Le lever et le déjeuner de la petite fille.	30
Le papillon.	32
Louis et Hortense.	33
Le dîner d'un petit garçon.	35
Fritz.	37
Aimez vos parents.	39
L'aveugle.	41
Jeannette.	42
Amour fraternel.	44
Une visite du comité local.	46
Un bon cœur.	49
Probité.	51
Désobéissance.	53
Dieu a tout créé.	55
Ce que c'est qu'aimer Dieu.	58
La mère de famille.	60
La petite fille et la bonne-maman.	62
Trait d'abstinence d'un enfant de cinq ans.	65
La gourmandise.	67
Respect pour la vérité.	70
Mensonge.	71
Arthur.	74
Ne faites point de mal aux animaux.	77
Cruauté envers les animaux.	79
Babil.	81
Le curieux.	83
Paresse.	86
La foire de Charost.	89
Voulez-vous être un bon élève ?	93
Le père et ses trois fils.	96
L'instituteur et ses élèves.	100
L'examen de conscience.	102
Suffisance.	107
La bourse de perles.	109
Laissez venir à moi les petits enfants.	113
Soyez contents de votre sort.	116
La poule et ses poussins.	119
L'obéissance.	122
Danger de se trouver en mauvaise compagnie.	125
Division des êtres de la nature.	129
Distraction.	131
Danger de l'étourderie.	135
Insectes nuisibles.	136
Insectes utiles.	138
Natalie.	141
Amour filial.	144
Les fruits.	146
Des métaux.	152
La sœur désintéressée.	154
Des métaux. (Suite).	156
Le pain.	158
Suites de la paresse.	161
Construction d'une maison.	162
Travail et économie.	164
Travail et économie. (Suite).	167
Le dimanche.	170
Abréviations.	174
Application de la précédente.	175
Lecture du latin.	177
Lecture du latin. (Suite).	178

Paris. — Imprimerie de P.-A. BOURDIER et Cie, rue Mazarine, 30.

AUX MÊMES LIBRAIRIES

SECONDES
LEÇONS DE LECTURE

Ouvrage imprimé en gros caractères

PRÉSENTANT, SOUS LA FORME LA PLUS ÉLÉMENTAIRE,
UNE FOULE DE NOTIONS UTILES,
ET RENFERMANT UN NOMBRE IMMENSE
DE MOTS DONT LA CONNAISSANCE EST INDISPENSABLE
POUR L'INTELLIGENCE DU FRANÇAIS

PAR L. FRÉTILLE

DIRECTEUR DE L'ÉCOLE NORMALE PRIMAIRE DU GARD
AUTEUR DE PLUSIEURS OUVRAGES ÉLÉMENTAIRES

QUATRIÈME ÉDITION

1 vol. in-12 cartonné 75 c.

Lorsque l'Élève a surmonté les difficultés que présente le mécanisme de la lecture, lorsqu'il peut, sans trop de ni de lenteur, reproduire et lier ensemble les sons et les articulations représentés par les lettres, il a vu une bonne partie de ce que l'étude a de plus aride, de plus rebutant. Toutefois il lui reste encore de sérieux efforts à faire : c'est peu que de savoir trouver la prononciation des mots écrits, il faut encore en reconnaître le sens ; à cette condition seulement, la lecture pourra servir à son instruction. Ainsi, à un travail tout mécanique en succède un autre presque exclusivement intellectuel. Et c'est alors que commence, pour le Maître, la partie la plus intéressante de sa tâche.

A ce point de vue, il nous a semblé qu'un livre qui réunirait sous une forme élémentaire les notions les plus utiles, les connaissances les plus usuelles, l'explication des mots le plus souvent employés, favoriserait les progrès de l'enfant qui aborde la lecture courante : sa jeune intelligence s'ouvrirait à une foule d'idées nouvelles, et bientôt il serait apte à passer avec fruit à des lectures supérieures.

C'est dans cette pensée que les *Secondes Leçons de Lecture* ont été composées. Le nom de l'enseignant expérimenté, qui les a préparées, nous dispense d'en faire l'éloge.

Paris — Typ. P.-A. BOURDIER et Cie, rue Mazarine, 30.

www.ingramcontent.com/pod-product-compliance
Lightning Source LLC
Chambersburg PA
CBHW070659100426
42735CB00039B/2334